漫畫與哲學

羅雅駿 主編

中華書局

序

　　猶記得小時候家中放着不少《天天歷險記》、《牛仔》及《老夫子》等漫畫，而當時電視還有播放卡通《龍珠》及在深夜時段播出《聖鬥士星矢》。那個時代一些父母會說漫畫「教壞細路」、「浪費時間」、「不正經」等等，而且不希望孩子沉迷漫畫或動畫（卡通），荒廢學業。所以在我印象中，他們好像都不太鼓勵小朋友看漫畫。但這些說教似乎都有悖於我自身的經驗。看漫畫當然可以是一種娛樂，很多漫畫的確也只為了滿足這個目的，但同時市場上亦不乏具智性及藝術價值的漫畫。希望讀者讀過本書中的文章後，亦能體會到不少哲學問題其實也潛藏於不同的媒體或流行文化之中。其實，過去十多年來，在外國已出版了不少以流行文化為題的哲學書籍，它們更開宗明義地註明其系列為「哲學與流行文化叢書」（Philosophy and Popular Culture Series），所以我們也希望能透過以中文撰寫一些類似的文章，把它們結集成書，嘗試為漫畫作出一種哲學式的詮釋，凸顯當中的哲學含義，豐富大家看漫畫的體驗。

　　本書寫作的緣起是由幾位從事哲學教育的朋友發起的，他們在教學的過程中，發現透過某些媒體來介紹不同的哲學概念頗能引起學生的興趣，這些媒體包括文學小說、電影、流行

音樂及漫畫。我們這群朋友成長的背景及年紀相若，所以我們也可說是看漫畫長大的，漫畫亦是我們的共同回憶。在 2014 年的農曆新年聚會中，我們又談起漫畫來。席間有位朋友提到《龍珠》中很多劇情或情節都表達了一些哲學思想，我們大可借其來發揮一下，說明一些哲學概念。而這位朋友的碩士論文中便運用了「超級撒亞人」這個例子來說明瑪莎‧納思邦（Martha Nussbaum）的「賦能進路」（Capability Approach）。當晚大家談得興高采烈，於是有人提議不如合力編撰一本以漫畫及哲學為主的小書。其實我對這意念有頗大保留，理由是漫畫的性質比較特別，例如它們的故事篇幅一般來說也很長，寫作時若假設讀者沒有看過該漫畫，文中撰寫故事簡介部分的長度及篇幅便會顯得格外冗長，再加上須闡述的哲學概念，文章讀起來更感累贅。選擇以什麼漫畫為題材也是一個問題，一來要考慮它們的長度，二來是讀哲學的人的興趣很多時也比較偏鋒，大家選出來的漫畫及題材也可能較為小眾。而且，我對於「漫畫表達哲學思想或內容」這個說法抱持一種比較懷疑的態度。過往在香港有關以流行文化來探討哲學的討論並不踴躍，早幾年前我亦曾參與過編撰一本有關電影與哲學的書籍，書是出版了，但就其推廣及

引起討論的效果似乎不太理想。加上在本書的編撰過程中，互聯網上已出現不少討論哲學的媒體、組織及平台，我對於出版一本要讀者花費金錢的實體書此想法就更加懷疑了。但我們仍然堅持嘗試落實這個計劃，希望大家可以選取一些比較大眾化的漫畫故事，在寫作時盡量避免冗長的故事簡介，嘗試以較平易近人的寫作風格來説明當中的哲學意涵。其實，當初決心要做此書的其中一個主要原因，還是希望透過寫作的過程自娛一番，並且在寫作上挑戰一下學術論文以外的格式，畢竟哲學寫作並不只是一個在學院中生產學術論文的遊戲，哲學工作者亦不是只懂生產論文的機器。希望各位讀者閱讀時也能分享到作者寫作時的喜悦吧。

　　本書的內容多以「漫畫中的哲學」（Philosophy in Comics）為主，即每位作者選取一套或以上的漫畫，抽取其中的一些故事情節加以詮釋，闡述一些相關的哲學思想或概念。換言之，我們是借這些漫畫故事的題材來發揮哲學討論。而本書中亦收錄了一篇由貝剛毅撰寫類近以「漫畫的哲學」（Philosophy of Comics）為題的文章，其題為：〈一拳超人 VS 悟空：漫畫人物的存在悖論〉。其內容是借助有關「一拳超人與悟空之間誰比較厲害」的討論作引子，探討此種討論如何或為何可能的問

題。讀者在閱讀此章時，便會發現它討論的內容跟其他篇章有着明顯的分別，因為它討論的是有關漫畫這個媒體本身的哲學問題。該章所探討的「悖論」橫跨語言哲學、邏輯哲學及某些文學哲學的討論，這亦是「漫畫的哲學」的特色。這些討論及研究基本上被歸納於美學的範疇，但當中亦涉及更多其他哲學專論，尤其形而上學的探討。近年西方哲學界便出版了一本名為《漫畫的藝術：一種哲學的探討》（*The Art of Comic: A Philosophical Approach*）的書。該書探討的正是「漫畫是什麼？」、「漫畫如何表達及其可能性的問題」，還有就是「漫畫與其他藝術媒體的關係」等等。其實，就以上這些問題的發問、討論及回答，早在上世紀九十年代便有一位美國漫畫家 Scott McCloud 以一個具實驗性質的手法，繪畫了一本名為 *Understanding Comics* 的漫畫來作出一個比較系統化的探討。在該漫畫中，他把漫畫定義為：「一些為了傳遞資訊並且製造觀賞者的美感反應而並列的插圖及其他刻意順序的圖像。」[1] 他的這個定義亦適用於一些古代文獻、印有圖像的壁毯及壁畫等。因此根據這個定義，我們可以說，漫畫這種表達的形式早已存在於不同時代的人類文化之中。可是，這似乎有違一般研究漫畫的人或大眾讀者的直覺。因

為我們所閱讀的現代漫畫的形態，其實於十九世紀末至二十世紀初期才開始出現。而在香港，我們比較熟悉的現代日本漫畫，亦在這個世紀之交中受到美國漫畫的影響而出現。[2]

但以上這類哲學討論的內容，並不是本書大部分的內容。如前所述，本書九篇中有八篇是「借題發揮」的，當中包括曾經紅極一時的漫畫，例如荒川弘的《鋼之鍊金術師》及大場鶇的《死亡筆記》。另外亦包括了到現在已比較少人聽說過，村上紀香於 1995 年開始連載的漫畫《龍》。至於哲學內容方面，我們並沒有特別地規限作者們要以什麼為題，但最後發現有些文章在哲學內容上的範疇也非常相近。書中有三篇是有關情緒／情感哲學的探討，它們分別是葉麗盈的〈《鋼之鍊金術師》與愛的蛻變〉、黃沐恩的〈《死亡筆記》中的依愛之情〉及羅雅駿的〈《Pluto》：阿童木的理性與感情〉。前兩篇的內容分別透過討論《鋼》說明弗洛姆（Erich Fromm）《愛的藝術》中所談到的兄弟之愛；及透過《死》看出了一種土居健郎所聲稱日本人獨有的「依愛」。《Pluto》的篇幅較長，所以文中的內容涵蓋了一個對於情緒哲學比較概括的討論及對憤怒這種情緒的探討。而趙偉偉則在〈愛與自由：《天使禁獵區》的宗教觀〉中，透過分析故事裏的宗教體

系來突出自由、權力、道德、愛及宗教的關係。另外三篇則不約而同地觸及到生命價值與倫理學的討論。楊家頌在〈《寄生獸》：什麼決定生命的輕重？〉中透過閱讀《寄生獸》反思人類生命的重要性，及質疑為何人類的生命比其他生命有優先性。而蔡子俊則透過《鋼》裏「國土鍊成陣計劃」中大量犧牲人命的劇情，運用康德的哲學來檢視我們的道德直覺。陳學嵐則嘗試透過閱讀沙村廣明的《無限之住人》來處理有關「死亡與不朽」這個恆久不衰的哲學問題，當中他亦引用了英國哲學家班立德 · 威廉斯（Bernard Williams）對這個議題的分析來豐富此漫畫的內容。最後，趙子明在梁耀明 [3] 的幫助下，挑戰了一部共四十二冊的漫畫《龍》。他對漫畫作出了非常仔細及極具洞見的詮釋，揭示了漫畫中隱含啟蒙主義式的烏托邦理想，並介紹了起源於德國浪漫主義時期與其對立的民族主義。

整個編撰過程歷時頗為漫長，發生了好些意想不到的事，一波幾折。所以實在很感謝鄭傳鍏先生最初於出版上的鼓勵及建議，還有中華書局（香港）有限公司白靜薇小姐編輯上的工作。編撰過程中有些作者基於不同的理由退出了，同時也有些作者被邀請加入。我希望藉此序言向每位參與過製作此書的朋友道謝，包

括本書的所有作者及陳穎賢小姐。另外，還要向最初建議編撰此書的羅進昌先生及劉凱豪先生道謝，沒有他們最初熱情的推波助瀾，此寫作計劃是不可能成事的。最後，我亦希望對那些很早便交了稿的作者朋友說聲不好意思，要你們久候了；而那些因為工作或其他困難而不能按時交稿，被我不斷催促的朋友，亦希望你們多多包涵。

序

羅雅駿

2019 年 3 月 27 日寫於嶺南大學

1   Scott McCloud, *Making Comics: Storytelling Secrets of Comics, Manga and Graphic Novels* (New York, United States: Harper Collins Publishers Inc., 2011), p. 9.（Juxtaposed pictorial and other images in deliberate sequence, intended to convey information and/or to produce an aesthetics response in the viewer）

2   Frederik L. Schodt, *Manga! Manga! The World of Japanese Comics* (New York: Kodansha International Ltd., 1997), p. 12. 其實有關漫畫的學術討論早已存在，它們分佈於日本研究、文學批評、文化研究及社會學等領域中。

3   梁耀明先生並非本書的作者，但他爲該章的寫作及內容提供了不少寶貴意見，在此特別鳴謝他的協助。

注
釋

第一部分

關於漫畫的哲學部分是畫形習

目錄

關於漫畫的哲學

漫畫人物的存在悖論

一拳超人 VS 悟空：

—— 貝剛毅

稍有涉獵日系動漫的人，肯定都知道早前有部叫作《一拳超人》[1]（One Punch Man）的熱爆作品。以往的戰鬥漫畫大多遵從以下兩大模式：（一）主角起初並不是最強，但因其遇強愈強的個性，在各場大小戰鬥中漸次成長，最後成為終極強者；（二）與各「大佬」的戰鬥必定是高潮所在，每每要在連場激戰，險死還生的境況下才能打敗對方。

《一拳超人》卻一反這傳統。主角埼玉在最開始時已被設定為最強。[2]決戰嘛，就更是反高潮。無論碰到什麼對手，（絕大多數時候）都是一擊秒殺！

1. 誰是史上最強動漫英雄

《一拳超人》的大熱自然引來網上不少討論。討論得最激烈的，要算是這問題：「究竟是這位光頭英雄強呢，還是那位曾多次當選最強動漫人物、《龍珠》的孫悟空強？」一拳粉絲自然認為自己的偶像比較強。例如他們指出埼玉能一拳化解宇宙人那足以毀滅地球的攻擊，再將對方「KO」，悟空就沒此能耐了。悟空迷當然不服，爭論說界王拳的威力遠比埼玉的認真毆打厲害。且就算悟空被打死了，仍然能帶着光環和埼玉再戰，簡言之，悟空是打不死的。一拳粉絲當然又再反擊，爭辯說……

談論動漫人物似乎平常不過。但往下看，你會發現，當中其實隱藏着一些深刻的邏輯學和語意學（semantics）難題。[3]

2. 存在又不存在

要理解這些問題，不妨先從一個簡單的問題入手。「愛因斯坦是科學家」這語句究竟在何時為真，何時為假呢？答案似乎明顯不過。這語句屬主謂句（subject-predicate statements）。因此如果「愛因斯坦」所指稱（refers）的個體（即愛因斯坦這人）確實是科學家，這語句就是真的；如果「愛因斯坦」所指稱的個體並不是科學家，例如說他其實是位律師，這語句就是假的。故無論這語句是真是假，也就是說只要有真值（truth values），「愛因斯坦」這名稱都必須先有指稱。而如果這名稱有指稱，那麼似乎我們都會同意，愛因斯坦至少必須曾經存在，

因為如果某事物不曾存在，我們又怎能談論他呢？

大多數人都會同意，像是（1）「埼玉是禿頭的」、（2）「埼玉比悟空更強」、（3）「埼玉比特朗普跑得快」這些包含漫畫人物名稱的句子都是有真假可言的。但若按剛剛對主謂句的分析，這些語句要有真值，「埼玉」和「悟空」這些名稱就必須要有所指，也就是說這些漫畫人物必須先要存在。但設想你有朋友誤以為埼玉真有其人，十分仰慕他而想結識他或拜他為師，你可能會這樣告訴他：（4）「埼玉是 One 創作的漫畫人物」、（5）「他根本就不存在」。現在問題來了。從語句（1）至（4），我們可推論出埼玉存在。但另一方面，（至少）在上述的場合，語句（5）是真的，亦即它所言屬實 —— 埼玉並不存在。但這不就是自相矛盾嗎？[4] 你同時認為埼玉存在又不存在。

如何消解上述矛盾困擾了不少哲學家。下面就為大家（簡略）介紹三個影響力最深的解決方案。[5] 為方便討論起見，讓我們先把這矛盾（簡稱為「存在悖論」）寫成論證的標準式：

I）如果一個主謂句有真值，那麼包含在當中的名稱必定有指稱。

II）如果一個名稱「a」有指稱，那麼 a（曾經在某個時間點上）存在。

III）語句（1）-（4）有真值。

IV）語句（1）-（4）屬主謂句。

V）語句（5）是真的並且所言屬實。

VI）因此，埼玉存在又不存在。

3. 麥農的不存在物論

　　表面上看來，存在悖論的推論是成立的，因此要解決這悖論，似乎必須摒棄至少一個前提。二十世紀著名哲學家麥農（Alexius Meinong）認為該摒棄的是前提（II），也就是說，他認為有些專名可能有指稱，但其指稱物並不存在。

　　你可能立刻會說，這究竟算是哪門子的理論？本來要解決的問題是消解我們對漫畫人物的兩種衝突看法，但麥農的解決方案本身就是自相矛盾的。按日常語言的用法，「有」和「存在」根本就是同一意思，例如當我們說「有鬼」時，所表示的其實就是「鬼存在」。因此說「有事物不存在」，也就等於說「存在物不存在」。這不是自相矛盾是什麼？

　　就這常見的批評，麥農早有對策。在他的理論中，「有」和「存在」是不同意思的。「有」的意思是「有些」或「至少有一個」（英文的對應詞是「there is」/「at least one」），其語意功能是挑選出事物。而「存在」（英文的對應詞是「exist」）和「不存在」則和其他謂詞（例如「聰明」、「肥胖」等等）一樣，其功能是用來描述事物的特性。麥農指出，我們日常的談論方式在事實上也支持這區分。我們不也是會說「有些事物存在，有些事物不存在」（"There are some things that exist, and there are some things that do not exist"）嗎？

　　麥農認為，世間不是只有日月星辰、花草樹木、你和我這些看得見、可觸及的具體（concrete）存在物，還包括各式各樣的不存在物（non-existents），例如圓的方、純金造的山、噴火的章魚、埼玉和悟空等等。不存在物由於其不存在的特性，我

們無法與它們有任何因果上的聯繫（這就解釋了為何我們看不見圓的方，吃不到噴火的章魚，有危難時不可能召埼玉幫忙）。然而與存在物一樣，不存在物同樣擁有具體的性質。例如圓的方確實又圓又方；埼玉和我們一樣，確實是有拳頭，要呼吸而又須吃飯的。

　　一旦我們承認有漫畫人物這些不存在物，並容許漫畫人物名稱指涉這些事物，存在悖論不僅能得以化解，語句（1）至（5）的意義也能被簡潔地說明。例如說，「埼玉是禿頭的」就可被分析成埼玉這不存在物具有禿頭這性質。而「埼玉比特朗普跑得快」則可理解成埼玉這不存在物確實比特朗普這存在物跑得快。此外，由於麥農已區分了「有」和「存在」這兩個概念，「埼玉不存在」的表面矛盾（見注釋4）也一併消解了。這語句所表達的意思是：埼玉這不存在的漫畫人物擁有不存在這性質。這無疑是一句必真的陳述。

　　麥農的理論雖有上述種種優點，但在當代，已沒有太多的追隨者。其中一個最主要的原因，是它實在太違反常識了。試想想這問題：如果有埼玉這人（儘管他不存在），那麼他究竟在何時出現呢？麥農的答案是：他一直就在那裏 —— 一直棲身在那不存在物的領域之中。但要是如此，就表示我們得放棄「埼玉是被創作出來的」這合理觀點；換句話說，須否定語句（4）：「埼玉是 One 創作的漫畫人物」。因為如果某事物是被創造的，總不能是自有的。

　　從漫畫人物不是被造物這點還可進一步引申，漫畫家和漫畫人物之間的關係就如考古學家和被發掘到的文物。考古學家透過考察和各種工具發現了文物，漫畫家則因靈感（或其他各

種原因）而發現了身處不存在領域的漫畫人物，再藉着繪畫與描寫將其事跡呈現給讀者。你看到埼玉一拳秒殺了深海王，在某意義下並不是虛構的，在世界的某角落，確實有此事發生。我不知你有何感想，但在不少人看來（包括筆者在內）都覺得這觀點太嚇人了（看伊藤潤二的恐怖漫畫時套用麥農的理論，你會有更深刻的體會）。因此要解決存在悖論，看來最好還是往別處尋。

4. 想像遊戲論

當代哲學家沃爾頓（Kendall Walton）認為，為了解決存在悖論而引入漫畫人物這些不存在物（作為漫畫人物名稱的指稱）無疑是多餘又可笑的。在他看來，根本就沒這些怪胎。因此他同意前提（V）是真的。前提（I）至（III）他亦無任何異議。故此要避開矛盾，唯一的方法是否定前提（IV）。

然而，這解決方案卻立刻引來了一些新問題。要是語句（1）至（4）都不屬指稱埼玉的主謂句，那麼它們究竟是什麼形式？而如果沒有漫畫人物，又該如何解釋這些語句都是有意思和有真值的？為回答這些問題，沃爾頓提出了他著名的想像遊戲理論（theory of make-believe）。[6] 下面我將先用一個簡單例子來說明這理論的基本概念，再略述如何使用這些概念來回答上述的問題。

設想有兩名港孩（大文和小明）在公園裏悶得發慌。為了解悶，大文提議來一場「超人打怪獸」的家家酒。大文指着花

叢內各式各樣的花朵，說道「由現在起這些花朵全都是怪獸，每當我們摘了一朵花就代表消滅了一隻怪獸。」小明欣然同意。兩人立刻走入花叢，瘋狂摘花，玩個不亦樂乎。

根據沃爾頓的理論，大文所建立的規則應被詮釋為生成規則（principles of generation），當這些規則生效後，想像遊戲便告開始了。花朵、大文和小明是遊戲中的道具（props）。有關這些道具的各種客觀事實，與所建立的生成規則聯合起來，便產生出一連串的（想像）遊戲事實（truths in a make-believe game）。粗略來說，所謂遊戲事實，就是參與想像遊戲時必須想像的事情（things to be imagined）。設想大文看見面前有朵鬱金香，立刻飛奔上前把它摘了。這客觀事實聯合「如果遊戲者看見有朵花，那麼在遊戲中他必須想像自己看見了一隻怪獸」，以及「如果遊戲者摘了一朵花，那麼在遊戲中他必須想像自己殺了一隻怪獸」這兩條生成規則，便共同產生了大文必須想像自己看見和幹掉了一隻怪獸這遊戲事實。

沃爾頓認為，看漫畫與談論漫畫人物的種種，本質上與上述遊戲並無二致。漫畫全都是被設計來玩某種想像遊戲的道具。再拿《一拳超人》來說，按他的理論，當你拿起某期單行本或是上網閱讀，看到埼玉使出連環普通拳來攻擊宇宙人這方框時，想像有某個禿頭漢以一連串快拳來擊打某位侵略地球的外星人，你就在玩以這漫畫為本的想像遊戲了。因為雖然你未必意識到，但其實已暗中遵從了「如果某人看到了某幅圖像，那麼他應想像該圖像所描繪的是事實」這生成規則。如果在整個閱讀過程中，你都依從這規則來想像漫畫的內容，你就是正確地參與《一拳超人》所伴隨的想像遊戲（games authorized for One Punch Man）。但要是你不遵從這規則，比方説看到上述的圖像時，所想像的竟然是一隻海膽被一條鯊魚吃了，就不是正確地參與《一拳超人》所伴隨的想像遊戲了。

早前提到，沃爾頓否認語句（1）至（4）是主謂句，又認為漫畫人物不存在。那按他的理論，該如何解釋它們既有意義又有真值呢？他認為全都可用上述的概念來分析。例如語句（1）「埼玉是禿頭的」就可重寫成這句子：

《一拳超人》具有以下的特性：如果某人正確地參與這漫畫所伴隨的想像遊戲（即在漫畫中看到一名叫「埼玉」的禿頭漢圖像時，想像世上確實有一個名叫「埼玉」的禿頭漢）時，說了「埼玉是禿頭的」這語句，那麼他在其想像遊戲中便說了一句真的陳述。

從這分析可見，語句（1）不是談論漫畫人物，而是陳述《一拳超人》這部漫畫擁有某些性質。

語句（2）「埼玉比悟空更強」因涉及兩部不同的漫畫，不能使用與語句（1）完全相同的方法來分析。但沃爾頓建議，我們可嘗試擴展道具這個概念來分析這句子。首先，我們可把《一拳超人》和《龍珠》這兩部漫畫合併起來，看成是一部新作品《一拳－龍珠》（即新的道具），然後從這部新漫畫的內容來推斷埼玉是否較悟空強。讓我假定事實的確如此，那麼《一拳－龍珠》便制定了一條新的生成規則：「如果某人看了這部作品有關埼玉和悟空的圖像，那麼他應想像埼玉比悟空強」。應用這新規則，語句（2）可分析成：

《一拳－龍珠》具有以下的特性：如果某人正確地參與這漫畫所伴隨的遊戲（即在看這部新漫畫時想像埼玉比悟空強）時，說了「埼玉比悟空更強」這語句，那麼他在其想像遊戲中便說了一句真的陳述。

　　要分析語句（4）「埼玉是 One 創作的漫畫人物」，沃爾頓提議，我們不妨把作者 One 也想成是道具，並把《一拳超人》的創作活動看成是遵從「如果某人沒意圖描繪任何真實人物，並繪畫了一名叫做『埼玉』的人，且賦予其某些性質，那麼他應想像自己真的創造了具有這些性質的真實人物」這生成規則的想像遊戲。語句（4）因此可分析成：

　　One 具有以下性質：如果 One 參與由上述生成規則所構成的想像遊戲時，說了「埼玉是 One 創作的漫畫人物」這語句，那麼 One 在他的想像遊戲中便說了一句真的陳述。

　　想像遊戲論引來不少批評。批評得最激烈的，要算是其對語句（1）至（4）的分析。無可否認，談論漫畫人物偶爾會涉及想像。但有什麼證據顯示，當我們說這些語句時，真的是在談論道具、想像遊戲和語言行為之間的關係？沃爾頓的分析實在有違一般人的語意直覺。語句（4）最能凸顯這問題。大多數以中文為母語的人都只會把「埼玉是 One 創作的漫畫人物」理解成陳述作者 One 與其創作漫畫人物之間的關係，而不會理解成是在說作者在創作《一拳超人》時把自己想像如上帝般，正

透過繪畫活動來創造真實的人物。[7]

　　就如之前所說，提出這理論一個主要的原因，是沃爾頓否認語句（1）至（4）是主謂句，因此他必須透過另外的方法來說明它們如何能有真值；而這難題的產生，正源於他否認有漫畫人物存在。沃爾頓似乎認為，一旦承認有漫畫人物，就必須附帶承認有麥農的不存在物。

　　然而，這推論真的成立嗎？這問題把我們帶去最後一個理論 —— 抽象人造物論（the abstract artifactual theory）。

5. 抽象人造物論

　　抽象人造物論在當代有不少擁護者。[8] 把這理論發展得最完整的要算是美國女哲學家湯馬遜（Amie Thomasson），以下論述就主要以她的理論為主。

　　湯馬遜認為，存在悖論根本就不是真正的悖論。真正的悖論隱含着矛盾。但即使存在悖論中所有的前提都是真的，由此卻推論不出任何矛盾。無疑，有時我們確實會否認有漫畫人物存在。就如在第二節中所說，要是有人誤以為埼玉真有其人，我們往往會說「他不存在」來加以糾正。但這回應正正表示了前提（Ⅴ）並沒與前提（Ⅰ）至（Ⅳ）相違：「埼玉不存在」所表達的不是沒有埼玉這漫畫人物，而是沒有埼玉這人。[9] 是而，從這所謂的悖論只能得出「有埼玉這漫畫人物，但卻沒有埼玉這人」這結論。這哪裏是矛盾，根本就是常識嘛！

　　湯馬遜不同意承認有漫畫人物，就必須把它們想成是詭異

的不存在物（因此看來沃爾頓是過慮了）。在她看來，漫畫人物都是真實存在的。那它們究竟是什麼東西？她建議我們可運用常識來回答這問題。首先，問問自己，它們是怎麼來的？顯然不是（如麥農所想般）一直就有這些東西；它們和合約、法律、金錢一樣，都是被創造出來的人造物（artifacts）。怎樣創造？常識告訴我們，如果在繪畫漫畫的過程中，作者畫了某個虛構人物的圖像或添加了某些對白，那麼他就創作了一個（或一些）漫畫人物；而隨着故事的推演，所創作的人物就變得愈來愈「有血有肉」。例如說，當 One 在《一拳超人》首頁的第一個方框畫了個名叫「埼玉」、穿緊身衣的禿頭漢時，他便創造了一名具有被賦予了（has the property of being ascribed）叫「埼玉」、穿緊身衣、禿頭的男人這些性質的漫畫人物。再多用幾個方框來描繪埼玉一擊秒殺了因地球污染而誕生的疫苗小子，One 便賦予了埼玉更多的性質，並同時創造了具有被賦予了因地球污染而誕生、叫「疫苗小子」等性質的新漫畫人物。

漫畫人物雖然都是人造物，但顯然和我面前的電腦、身旁的書櫃這些既佔據空間又佔據時間的具體物不同。漫畫人物雖佔據時間（它們的存在始於作者的創作活動），卻沒有空間位置（我們不能指出埼玉身在何處）。因此它們並非具體，而只是抽象的（abstract）事物。

承認有漫畫人物這類抽象人造物還有一個額外的好處，就是更能清楚說明語句（1）至（4）為何有真值。「埼玉是禿頭的」之所以為真，是由於它正確斷言了埼玉擁有被賦予了禿頭這性質（如果有人說「埼玉有一頭密髮」，便作出了一句假的陳述，因為它並不具有被賦予了有一頭密髮這特性）。「埼玉比悟空更強」

比較兩個抽象人造物的強度。如果仔細比較過這兩個漫畫人物被賦予的強度後，發現前者比後者強（這可透過推敲 One 和鳥山明賦予其創作角色的各種性質來判斷），這語句就是真的。

6. 尚未解決的問題

當代漫畫哲學的一個重要問題，是如何分析包含漫畫人物名稱的語句。本篇透過存在悖論帶出三個主要的形上學和語意學理論。從上面簡短和粗略的探討，我們看到抽象人造物論似乎是最合理的。不過就和所有哲學理論一樣，抽象人造物論亦非毫無問題，在此我只列出一個對其最常見的批評。設想你看過埼玉的種種事跡後說道「我真的很欣賞埼玉」。按湯馬遜的理論，這語句應分析成「你很欣賞某個抽象人造物」。但很顯然，這不是你想表達的意思；你真正想表達的，似乎是你很欣賞埼玉這人。但問題是，世上卻沒有這人物（有的只是埼玉這抽象人造物）。那麼，這語句究竟在談論些什麼？這問題在當前仍然在熱議中。有哲學家認為，只有糅合想像遊戲論和抽象人造物論後，才能妥善回答這問題。

哲學教室

∘ 悖論與矛盾 ∘

「悖論」（或稱「吊詭」）（Paradox）通常指一組陳述，這些陳述分開來看時相當合理，聯合起來時卻涵蘊了（imply）自相矛盾（具有「P 並且並非 P」這形式的語句）。在存在悖論中，每個前提獨立看來都似乎是真的，但放在一起時（如文中所顯示）卻隱含了「埼玉存在又不存在」這矛盾。

須注意的是，所有悖論都隱含矛盾，但並不是所有矛盾都叫「悖論」。

∘ 抽象物與具體物 ∘

「抽象物」（abstract entities）通常指不佔空間亦不佔時間的事物，數及純數學定理通常都被歸入這一類別。「具體物」（concrete entities）則指佔空間或佔時間的事物，個別的物理事物（Physical objects）（例如個別的人、動物、椅子、電腦）通常都被歸入此類。就像大多數的哲學概念一樣，這對概念有許多不同的界定方式。例如湯馬遜（Amie Thomasson）的界定和剛提到的就不一樣：她把「抽象物」界定為「不佔空間或不佔時間的事物」，把「具體物」界定為「佔空間且佔時間的事物」。

必須指出的是，「抽象物」與「具體物」有別於底下這對概念。

∘ 殊相與共相 ∘

所謂「殊相」（particular），即在一個特定時刻只能佔據一個特定空間區域的事物。我現在坐着的椅子、正在使用的手寫筆就屬殊相，因為要是它們出現在現在所在的位置，就不能同時出現在別的地方。所謂「共相」（universal），即能同時處於兩地的事物。普遍認為，性質是共相的典型例子。就拿紅色這性質來說，個別的紅色事物固然不能同時出現兩地，但紅色這性質卻能同時出現在我的紅色原子筆、你的紅色襯衣、果欄裏的紅蘋果之中。

1 〔日〕ONE 原作，村田雄介畫，吳勵誠譯：《一拳超人》。台北：東立出版社有限公司，2015 年起發行繁體中文版。

2 據主角解釋，其超強的秘密源於以往風雨不改地每天做一百次掌上壓、一百次 sit-up 和長跑十公里。幾乎可肯定，這推論犯了思考方法學的居後為果謬誤（Post Hoc Fallacy）。

3 粗略而言，任何有關語言表達式（linguistic expressions）（無論是專名、謂詞和語句）的意義問題，都屬於語意學的問題。

4 敏銳的讀者可能已留意到，如果語句（5）是真的，似乎也可推論出矛盾。因為這語句文法上也屬主謂句。因此只要這語句有真值，按上述對主謂句的分析，便可推論出埼玉存在。但吊詭的是，要是這語句為真，它所斷言的卻是埼玉不存在。

5 這三個理論其實只處理小說人物（fictional characters）的形上學（metaphysics）和語意學問題。本文嘗試把這些理論引申至漫畫這領域。

6 這理論詳見 Walton, Kendall L., *Mimesis as Make-Believe: On the Foundations of the Representational Arts* (Cambridge, MA: Harvard University Press, 1990).

7 湯馬遜在多篇文章中也有此批評。例如見 A. Thomasson, *Fiction and Metaphysics* (Cambridge: Cambridge University Press, 1999), "Speaking of Fictional Characters", *Dialectica*, Vol. 57, No. 2 (2003), pp. 205–223; "Fictional Characters and Literary Practices", *British Journal of Aesthetics,* Vol. 43, No. 2 (April 2003), pp. 138–157.

8 例如見 Kripke, Saul, *Reference and Existence: The John Locke Lectures for 1973* (New York: Oxford University Press, 2013)；Salmon, Nathan, "Nonexistence", *Nous*, Vol. 32, No.3 (Sept. 1998), pp. 277–319 及 A. Thomasson, *Fiction and Metaphysics*.

9 見 A. Thomasson, *Fiction and Metaphysics*。但後來湯馬遜放棄了這分析。見 "Speaking of Fictional Characters", *Dialectica*, Vol. 57, No. 2 (2003), pp. 205–223。

- 〔日〕　ONE原作，村田雄介畫，吳勵誠譯：《一拳超人》。台北：東立出版社有限公司，2015年起發行繁體中文版。

- 王文方：《這是個什麼樣的世界？》。台北：三民書局股份有限公司，2005年。

- Kripke, Saul, *Reference and Existence: The John Locke Lectures for 1973* (New York: Oxford University Press, 2013).

- Parsons, Terence, *Nonexistent Objects* (New Haven, CT: Yale University Press, 1980).

- Salmon, Nathan, "Nonexistence", *Nous,* Vol. 32, No.3 (Sept.1998), pp. 277–319.

- Thomasson, Amie L., *Fiction and Metaphysics* (Cambridge: Cambridge University Press, 1999).

- Thomasson, Amie L., "Fictional Characters and Literary Practices", *British Journal of Aesthetics,* Vol. 43, No. 2 (April 2003), pp. 138–157.

- Thomasson, Amie L.,"Speaking of Fictional Characters", *Dialectica,* Vol. 57, No. 2 (2003), pp. 205–223.

- Walton, Kendall L., *Mimesis as Make-Believe: On the Foundations of the Representational Arts* (Cambridge, MA: Harvard University Press, 1990).

漫畫與哲學

參考資料

第二部分

情緒哲學

《鋼之鍊金術師》與
愛的蛻變

——葉麗盈

「人」不作任何犧牲就不能得到任何收穫。」[1]

這句話引起很多都市人的共鳴，更引領着一套日本漫畫《鋼之鍊金術師》的成功。伴隨這句發人深省的句子作主旨，《鋼之鍊金術師》更連帶着一個引人入勝的故事。故事講述一個能夠使用鍊金術的神奇世界。在故事中，鍊金術如同魔術，鍊金術師能將一件物件變成其他物件。主角愛德華‧艾力克及其弟弟艾爾馮斯‧艾力克（簡稱「艾爾」）因思念過世的母親，故大膽使用鍊金術令母親復活。[2] 可是，在這個鍊金術的世界，人體鍊成是一種禁忌，施術者要冒着一定的風險。最後，愛德華在鍊成的

過程中失去右臂，艾爾則失去了整個身體，可是他們努力鍊成的「母親」仍不能鍊成人形。[3] 其後，愛德華再用自己的左腳作交換，將艾爾的靈魂附加在一副盔甲上。[4] 經歷過這般痛苦的教訓後，艾力克兄弟為自己的行為感到後悔和沮喪，但為了讓對方恢復原來的身體，他們最後也振作起來，踏上了人生的旅程。[5]

在《鋼之鍊金術師》的故事中，艾力克兄弟經歷了許多事情，他們遇見不同的人和事，得到更多的體會後，令他們對愛人有了更深層的看法。從哲學的層面上，艾力克兄弟透過成長而蛻變的愛，與人本主義哲學家艾瑞克·弗洛姆（Erich Fromm）所提倡的愛極為相似。弗洛姆在《愛的藝術》（*The art of loving*）一書中，說明了人們由不成熟之愛達至成熟之愛的各種元素，但他亦坦言達成目標的過程只能靠人們自己去實現與感受，[6] 所以書中並沒有提及任何技術層面的指導，[7] 也沒有陳述着實的案例。故此，《鋼之鍊金術師》可能為弗洛姆的理論提供了一個具體且生動的例子作補充。

1. 弗洛姆《愛的藝術》

「沒有愛，人類一天也不可能存在。」[8] 弗洛姆認為克服與別人的疏離感是人們最深層的需要，而世上唯有愛才能令人永久消除孤獨的感覺，可是愛是一門學問、一門藝術，是須要花上一生之力不停地學習及練習的。[9] 他指出，現代大部分人也漠視了愛這門藝術，人們只顧依戀別的個體，忽略了自身或對方的發展，形成了不成熟之愛，使他們無法擺脫永久的孤獨；可

是，如果人們開始學習愛的藝術，為對方做到關心、負責、尊重和了解，人們便能讓成熟之愛誕生，從而得到真正的快樂。

不成熟之愛，弗洛姆也稱之為「共生性結合」，指出一種過度依戀彼此的狀態。[10] 這種結合對所有人來說，其實並不陌生。母子關係便是最原始的共生性結合，母親視胎兒為自己身體的一部分，供給胎兒一切的需要，包括食物及保護，而對胎兒來說，母親就是他們唯一所知道的世界。在成人的世界裏，受虐狂和施虐狂也是共生性的結合。受到不成熟之愛的牽引，雙方往往難以保持自己獨特的個性，最後演變成某一方主宰另一方的生活以及人生的各項選擇。

與不成熟之愛相反，成熟之愛是兩人互相結合的同時，又能保持雙方的完整個性。[11] 弗洛姆提出「愛四要素説」，指出成熟之愛有四大基本元素：關心、負責、尊重和了解。這個學説充滿豐富的倫理學色彩，是弗洛姆「愛的理論」的重點之一。[12] 關心，指人能主動關注對方的生命和成長，並為對方在身體和心靈上的健康付以行動；[13] 負責，不是社會強加於自己的想法，而是發乎內心的意願，是認為自己有能力關心和回應對方需要的表現；尊重，是保持完整個性的要點，懂得尊重的人會讓對方依隨自身的本意去發展及成長，而不是要支配對方，令對方成為自己想要的模樣；了解，可説是四大基本元素中最重要的元素。沒有了解，作出的關心、負責和尊重也只是徒然。從對方的角度了解事情，才能明白對方的感受，才能表現出真正顧及對方的行為。當人們做到關心、負責、尊重和了解，便能鼓勵雙方發展獨立的個性，更能作出不斷的給予，讓愛永不枯竭，最後更能將愛推及至有需要的人。

2.「愛四要素說」的鍊成

弗洛姆重視兄弟之愛，認為手足間的愛是一切愛的根本：「愛的基本形式就是兄弟之愛，它是所有其他類型的愛的基礎。」[14] 在《鋼之鍊金術師》的故事中，作者細緻地描述了艾力克兄弟間深厚的羈絆。一開始，兩兄弟罔顧一切進行人體鍊成。導致悲劇後，二人努力尋找方法回復原來的身體，繼而發生了不少衝突和誤會。直至最後，艾力克兄弟反思一直以來的體會和感受。過程之中，我們不難發現他們對彼此缺乏了弗洛姆所指的關心和尊重，但透過不同的經歷和領悟，他們對這兩個元素的理解也出現了明顯的變化，讓不成熟之愛慢慢昇華至成熟之愛。

關心

艾力克兄弟因鍊成失敗而失去重要的身體，這歸咎於二人缺少了對對方與自身的關心。艾力克兄弟閱讀過很多書本，全部也寫着不能進行人體鍊成。[15] 另外，愛德華也清晰地指出，自己的師父曾多次提醒他們：「這個世界也是依照規律而循環，人類死亡也是屬於這個趨勢。接受趨勢⋯⋯ 我還以為已經明白了。但是，正因為我們不明白，那時才會想把媽媽⋯⋯」。[16] 從這些資訊看來，人體鍊成存在着一定的風險，艾力克兄弟卻罔顧了對方和自身的危險，鋌而走險，最後二人也要付出慘痛的代價。

愛德華決定將艾爾的靈魂附加在盔甲時，也沒有為艾爾作出真正的關心和顧及其感受。艾爾的身體變成了無法飲食和睡

覺的盔甲，同時也失去了所有感覺。艾爾曾痛苦地說：「之前晚上我都會跟哥哥討論鍊金術或未來的事情……累了之後就睡覺，並且作着幸福的夢……所以覺得一個晚上很短……但是現在卻覺得夜晚好長……這樣會讓我去想很多多餘的事情啊……」[17] 有一次，愛德華無意地指出艾爾的身形高大，正在煩惱的艾爾忍不住大吼：「不是我想變成這樣的身體的！」[18] 可見，當初愛德華漠視了艾爾的意願，沒有考慮將其變成盔甲會造成痛苦。故事中，另一位鍊金術師修塔加為了自己的名譽和富裕生活，冷血地將親生女兒和家中飼養的狗鍊成為合成獸，愛德華批評修塔加在玩弄人命，修塔加卻回應：「鋼之鍊金術師（愛德華），你的手腳和弟弟也是你所說的玩弄人命的結果吧？」[19] 儘管修塔加和愛德華進行人體鍊成的動機不一，但無可否認的是雙方也漠視了鍊金術對親人的傷害，而愛德華對這句話呈現的極度憤怒，也可說是惱羞成怒的表現。

故事的中段，愛德華為了認清真相，曾將被鍊成的「母親」屍體掘出來。因為這事對愛德華是非常沉重的精神打擊，故在掘土的時候，愛德華不停嘔吐，但他仍堅持下去：「不確認這件事，就無法前進！鍊金術師是追求真理的人。不能只看願意看的東西。我怎麼可以逃避！」[20] 最後，愛德華得出結論，死去的人是無法被鍊成，這個「母親」並非他們真正的母親 —— 這亦解開了艾爾一直以來的心結：「自鍊成那天起到今天為止，我不斷地責難自己。可是，我一直害怕說出口。把媽媽變成那個樣子殺掉的人是我……哥哥，謝謝你，我原來沒有殺死媽媽……」[21] 終於，愛德華從不停地發掘真相的過程中理解了艾爾的想法，更分享了彼此的感受，從而作出心靈的安撫和關懷。

更特別的是，關心與自愛也有着密切的關係。「愛人如己的觀念包含了對自己的完整性和獨特性的尊重，愛自己、理解自己與尊重、愛和理解別人是不可分割的。愛自己是同愛他人是緊密聯繫在一起的。」[22] 鍊成的失敗使他們明白自愛的重要，不關心自己，也會令自己失去關心對方的能力。在一次混戰中，愛德華被人造人吞進肚子裏。當愛德華知道自己可能快要死的時候，激動地說：「我死了的話，艾爾怎樣辦啊？」[23] 憑着不讓弟弟傷心的信念，愛德華奮力一戰，全力保護自身的安全。在同一時間，艾爾也不放棄：「振作起來！我們曾下定決心要兩人一起恢復身體的呀！我和哥哥，哪一個放棄都會完蛋！……不要猶豫。不要停止思考！不要放棄！」[24]

直至最後的戰鬥，艾爾眼見哥哥快被殺害，以關切之心，用自己的靈魂取回哥哥的右手，讓哥哥在危急的關頭能夠繼續作戰。戰勝後，愛德華也沒有放棄，下定決心，以自己終身不能使用鍊金術的條件來保住兩兄弟的健全。[25] 愛德華由始至終並沒有打算犧牲自己的性命，以換取艾爾的性命。弗洛姆強調成熟之愛需要包含對自身的愛，沒有愛自己的能力，便得不到真誠地愛別人的力量。[26] 愛德華作出自愛的表現，保護了自身的生命，沒有將犧牲自己的遺憾帶給艾爾，沒有將痛苦留給在世的所愛。

尊重

之前提及，弗洛姆認為過度依戀對方而失去自我的關係，是不成熟之愛的表現。反之，共同成長且能保留各自個性的關係，便是成熟之愛的表現。[27] 要做到保持自身和對方的完整個

性，尊重是其中一大要素。尊重，是讓對方依照自己的想法行事，而不是單一方主宰另一方的想法。當鍊成「母親」失敗後，艾力克兄弟曾感到極度沮喪。其後，他們收到軍隊的消息，愛德華知道自己考獲國家鍊金術師的資格後（國家鍊金術師有着各種特權，例如獲得高昂的研究經費及可以進行非一般性的實驗，為二人帶來恢復身體的希望），再度燃燒了意志。[28] 由於國家鍊金術師使用鍊金術為軍隊謀利，人稱「國家的走狗」，為了不讓弟弟被其他人指責，愛德華甘願獨自承擔責任，孤身一人當上了國家鍊金術師。[29] 當艾爾指自己也考獲國家鍊金術師的資格時，愛德華指：「不要，不要！我一個人受萬夫所指就夠了！」[30] 從這裏可見，儘管當中存有對弟弟的關懷，愛德華也主宰了艾爾的選擇，剝奪了艾爾為哥哥分擔重擔而從中成長的機會。

有一次，艾爾忍不住對愛德華坦白：「當時同意你鍊成的我也一樣有罪。請不要說成要一個人承擔似的。什麼也獨自承受，我看在眼裏也很難受。」[31] 雖然愛德華欲獨自承擔全部的罪疚，但這並非艾爾所願，這樣的想法更讓弟弟感到難受，相反，艾爾希望與愛德華一起承擔。透過認真的溝通，愛德華也明白艾爾的想法，並願意與艾爾分享自己的重擔：「我們已經沒有時間煩惱了！讓我們努力吧！我們要修理真理那傢伙，並且把你的身體從那裏拉出來。」[32]

在一次與敵人的作戰中，艾爾向父親提議將自己和敵人一起困在石洞裏，艾爾的身體不需要氧氣、陽光和食物，正是拖延敵人時間的好計謀。[33] 當艾爾被困時，愛德華生氣地指責艾爾和父親沒有跟他商量，而父親轉述艾爾的話：「跟哥哥說的話，他一定反對的。」[34] 父親贊同艾爾的策略，這是唯一可以

讓大家活下來的方法。最後，愛德華知道了艾爾的決心，也尊重他的決定，讓他留下，而自己到別處參與戰鬥。「兄弟之愛是相互平等的愛。但是，儘管我們是同等的，事實上也不是一直平等；因為我們都是人，所以我們都需要幫助。」[35]艾力克兄弟的愛是同等的，而且各人也有需要幫助的時候，這時候尊重更是關鍵的元素。

尊重讓艾力克兄弟保留並發展自身獨特的個性。「愛是人身上的一種積極力量。這種力量可以衝破人與人之間的樊籬並使人與人結合。愛可以使人克服孤寂和疏離感，但同時又能使人保持個性，保持自身的完整性。」[36]故此，弗洛姆認為最理想的愛是兩體二合為一，但同時兩體也要保留自己獨一無二的個性。[37]愛德華最後放下過份保護弟弟的想法，同時也讓艾爾得到成長的空間，二人真正做到了「既自由又不孤獨，既獨立又不與他人、世界相分離。」[38]

3. 不吝付出更勝「等價交換」

弗洛姆認為「當下的資本主義社會是一個病態的社會。」[39]受到資本主義的概念影響，人們學懂計算和比較，即使是建立一段關係，每人也希望藉着放棄自己的一些東西，以換取相同甚至更大的利益。[40]「他已經被弄成了一件商品，將自己的生命力體驗為在既定的市場條件下必須給自己帶來最大利潤的投資。」[41]這與《鋼之鍊金術師》的等價交換原則有着相似的概念：「鍊金術師的等價交換是得到 10 而償還 10。」[42]這導致了

人們着重付出和收穫的對等，沒有人願意付出較多的愛，也沒有人願意接受回報少的愛，社會充斥着衡量和交易，人與人的關係因而變得疏離和陌生，令愛變得停滯不前。

為了打破資本主義的原則，弗洛姆鼓勵人們發展兄弟之愛：「它（兄弟之愛）包含了所有的愛都應有的責任感、關心、尊重和理解他人，願意促進他人的生活。」[43] 兄弟之愛含有成熟之愛的四大元素，這種愛的推及能有效地鼓勵人們作出無條件的給予，讓愛促進人們的生活，從而打破人與人之間的隔膜。而在故事中，艾力克兄弟一直將兄弟之愛推及他人。他們曾遇見一群生活在炭礦的人，他們受盡欺壓，愛德華最後助他們得到炭礦的管理權，以改善他們的生活。[44] 當從小照顧他們的婆婆知道這件事後，説：「家的重要和無家可歸的痛苦，你們都親身體驗到。」[45] 當他們經歷過痛苦，便更容易同理他人的痛苦，更希望幫助他人得到快樂。「在對那些需要幫助的人的憐憫中，人開始發展他的兄弟之愛。」[46]

當艾力克兄弟的手足之愛變得成熟後，他們準備為人類作出更大的貢獻。恢復身體後，他們將幫助別人定為一生的目標：「世界既然那麼大，我就往東方走，哥哥則向西方走，各自去汲取知識。然後兩人帶回東西方的知識……也許能幫助因鍊金術而受苦的人們。」[47] 其實，他們一直為未能救助被修塔加變為合成獸的女兒妮娜而耿耿於懷，二人對妮娜起了手足般的憐愛，進而立下決心到處遊歷，希望得到更多知識，幫助更多與妮娜有相似遭遇的人。[48]

故事的最後，艾力克兄弟更修改了等價交換的原則，並發展為屬於自己的新法則：「鍊金術師的等價交換是得到 10 而償

還 10，但得到 10 後加上自己的 1，便變成 11，所以要償還 11 給下一個人。這是艾力克兄弟領略到的新法則。」[49] 簡單來說，假設愛能夠量化，當艾爾得到愛德華的 10 份愛，艾爾會自己再添加 1 份愛，變成 11 份愛，才回報給愛德華（如圖一）。同時，艾爾從愛德華身上學會了給予 11 份愛，在對待其他人的時候，也能給予 11 份的愛。而愛德華得到了艾爾的 11 份愛，也添加了自己的 1 份愛，變成 12 份愛，並給予其他人。根據艾力克兄弟的新法則，愛不再是一換一的交易，反之，愛應該是不計較付出更多，最終讓愛產出更多的愛。愛在人類之間形成永流不斷的循環，從而消除人們彼此間的疏離感。

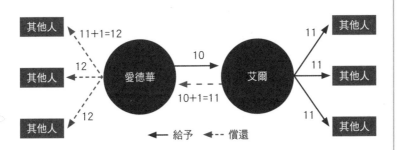

圖一　艾力克兄弟的新法則

4. 不止於成熟之愛

「愛看作是一種積極的行動，靈魂的一種力量。」[50] 從《鋼之鍊金術師》的故事中，便提醒了人們在積極的行動背後，也勿忘心靈力量的重要性。透過深切的關心，人們能夠體諒對方的感受及作出真正關注對方的行為，從中也能學習自愛的重

要；透過真誠的尊重，雙方也能保持獨立人格及達至健康的成長。如果人不作任何犧牲，就不能得到任何收穫，那麼，成熟之愛便是鼓勵人們付出更多的愛，從而得到更大的快樂。艾力克兄弟便是成功的例子，他們從不成熟之愛蛻變為難得而可貴的成熟之愛，再積極地將成熟之愛推廣出去，達至弗洛姆最理想的愛。

～～～ 哲學教室 ～～～

• 弗洛姆喚醒「愛的藝術」•

艾瑞克‧弗洛姆（Erich Fromm，1900－1980），美籍德國猶太人，是人本主義哲學家，同時也是精神分析心理學家。弗洛姆一生研究及修改弗洛伊德的精神分析學說，將馬克思主義融入其中，加上自身臨床實踐的經驗，出版了一系列的書籍，當中《愛的藝術》便是最著名的作品。《愛的藝術》首發行四十萬本時，出現供不應求的情況，聯邦德國《明鏡》周刊曾指出：「弗洛姆著作出版上的成功表明他的思想已經成為時代精神」。事實上，《愛的藝術》的確將二十世紀人們所認知的愛重新詮釋，大多數人認為愛是不需要學習的，因為這只是一種偶然產生的奇妙感受，而弗洛姆卻鼓勵了人們將愛視為一門藝術，是需要不斷努力學習和練習。

• 我愛你因為我需要你 VS 我需要你因為我愛你 •

不成熟之愛建基於個人的「需要」，當「需要」隨着時間或環境而改變，人們的心意可能會有所改變，甚至將愛轉移到他人。弗洛姆為不成熟之愛引申了一句話：「我愛你因為我需要你」。反之，若「需要」因「愛」而生，一個人深愛對方，才會變得需要對方，而且這種「需要」由雙方心靈互動所產生，對彼此皆是獨有的存在。即使對方不在身邊，自己也是一個完整個體，不會因為渴望依靠而選擇另一位對象。穩固且長久的成熟之愛因而引申另一句話：「我需要你因為我愛你」。

1　〔日〕荒川弘著，葉瑜譯：《鋼之鍊金術師》。香港：玉皇朝，2005－2011 年。1 卷，頁 5。

2　同上，6 卷，頁 71。

3　同上，頁 91。

4　同上，頁 94。

5　同上，頁 116。

6　〔美〕弗洛姆著，趙正國譯：《愛的藝術》。北京：國際文化出版社，2004 年。原著於 1956 年出版。

7　李沁娟（2010）。從《愛的藝術》看弗洛姆對「異化」愛的批判與療救。濰坊教育學院學報，23（5），44－46。

8　《愛的藝術》，頁 23。

9　《愛的藝術》。

10　同上。

11　同上。

12　成海鷹（2008）。弗洛姆的「愛四要素說」倫理分析。學術論壇，204（1），10－14。

13　《愛的藝術》。

14　《愛的藝術》，頁 53。

15　《鋼之鍊金術師》，7 卷，頁 91。

16　同上，2 卷，頁 76。

17　同上，11 卷，頁 59。

18　同上，4 卷，頁 87。

19　同上，2 卷，頁 34。

20　同上，11 卷，頁 72。

21　同上，頁 120。

22　《愛的藝術》，頁 65。

23　《鋼之鍊金術師》，13 卷，頁 79。

24　同上，頁 93。

25　同上，27 卷，頁 129。

26　李沁娟，從《愛的藝術》看弗洛姆對「異化」愛的批判與療救。濰坊教育學院學報，23（5），44－46。

27　《愛的藝術》，頁 30。

28　《鋼之鍊金術師》，6 卷，頁 116。

29　同上，頁 140。

漫畫與哲學

注釋

30 同上，1 卷，頁 112。

31 同上，11 卷，頁 124。

32 同上，頁 127。

33 同上，22 卷，頁 33。

34 同上，頁 35。

35 《愛的藝術》，頁 54。

36 同上，頁 26。

37 趙芹（2009）。論煩惱與弗洛姆《愛的藝術》。西安石油大學學報，3，69－73。

38 陳愛華（2012）。論弗洛姆批判資本主義的倫理維度 —— 弗洛姆《健全的社會》解讀。南京政治學院學報，28（163），37－43。

39 同上。

40 《愛的藝術》，頁 94。

41 同上。

42 《鋼之鍊金術師》，27 卷，頁 176。

43 《愛的藝術》，頁 53。

44 《鋼之鍊金術師》，1 卷，頁 135。

45 同上，3 卷，頁 43。

46 《愛的藝術》，頁 54。

47 《鋼之鍊金術師》，27 卷，頁 181－182。

48 同上，頁 177。

49 同上，頁 176。

50 《愛的藝術》，頁 52。

- 〔美〕　弗洛姆著，趙正國譯：《愛的藝術》。北京：國際文化出版社，2004 年。

- 成海鷹（2008）。弗洛姆的「愛四要素說」倫理分析。學術論壇，204（1），10－14。

- 李沁娟（2010）。從《愛的藝術》看弗洛姆對「異化」愛的批判與療救。濰坊教育學院學報，23（5），44－6。

- 〔日〕　荒川弘：《鋼之鍊金術師》。香港：玉皇朝，2005－2011 年。

- 陳愛華（2012）。論弗洛姆批判資本主義的倫理維度 —— 弗洛姆《健全的社會》解讀。南京政治學院學報，28（163），37－43。

- 趙芹（2009）。論煩惱與弗洛姆《愛的藝術》。西安石油大學學報，3，69－73。

《死亡筆記》中的依愛之情

—— 黃沐恩

在西方國家，漫畫作為青少年的娛樂，題材一般以輕鬆與幽默為主，例如《蝙蝠俠》、《蜘蛛俠》等，都以官能上的刺激和簡單的故事作為賣點。日本雖然也有大量很受歡迎的熱血系漫畫，但同時亦有為數不少以探討成人世界黑暗面為題材的作品，例如《自殺島》、《賭博啟示錄》、《進擊的巨人》等。這類作品題材嚴肅，批判性強，每每對現代社會的問題與成人醜惡的內心作發人深省的描寫。而《死亡筆記》[1]（Death Note，簡稱 DN）便是其中的表表者。

《死亡筆記》講述高材生夜神月意外撿獲一本屬於死神的筆記，只要在筆記簿上寫上某人的名字，那人便會迅速死去。心

存正義的月，有感於現實生活中壞人常常得不到應有的懲罰，決定替天行道，代替法律處決罪犯。日本警方眼見罪犯不斷無故死去，請出了名偵探 L 調查背後的兇手。L 才智過人，行事詭秘，與月在不知道彼此的樣貌和名字的情況下，展開了一場又一場鬥智鬥力的互相追捕。筆者在欣賞《死亡筆記》精彩的情節時不禁問，為什麼作者要將死神的能力賦予一個十五歲的少年，彷彿只有他才能為世界伸張正義？到底作者認為成人的社會有多敗壞，以致只有依靠這樣的少年才能撥亂反正？而當夜神月在挑戰全世界的政府時，為什麼只有同樣是十五歲的少年 L 才敢於對抗他？到底作者認為那些警察、特務、法官、高官有多懦弱和無能，對整個成人世界有多大的不信任，才會相信他們在如此重大的事件上完全束手無策，只能袖手旁觀？

要理解為什麼日本會出現如此多像《死亡筆記》這類對社會問題與成人心理作深刻批判的少年漫畫，不能單從社會學的角度出發。誠然，當代日本社會出現了種種問題，例如經濟衰退、年青人學習壓力沉重、工作時間過長，就業不足等，但相同的問題也出現在西方諸多發達國家之中，而西方並沒有出現如《死亡筆記》般的漫畫。筆者認為，要理解這類漫畫出現的成因，可以從日本人獨有的情緒 —— 依愛（Amae）入手。

1. 什麼是依愛（AMAE）？

在當代情緒哲學的研究中，其中一個最重要的問題就是：到底情緒是由先天基因決定的，還是由後天的環境塑造而成？

支持後者的一般被稱為「社會建構論」（Social Construction Theories），社會建構論者認為不同的社會文化與價值觀會構成獨特的情緒，這些情緒為該文化所獨有，一般很難以別的語言翻譯，亦很難為別的文化的人所理解。然而，這些獨一無二的情緒往往解釋着該文化中的人的種種特殊習俗、行為與社會結構，而 Amae 正是這樣一種社會建構的情緒。日語 Amae 沒有中文或英文的直接對應翻譯，它源自名詞 Amaeru，指渴望獲得別人關注與照顧的行為，Amae 則指與這些行為相應的情緒，Johnson 在其有關著作中將之翻譯成 Indulgent dependence，[2] 即一種溺愛式的依賴感，黃恆正將之翻譯成「依愛」，[3] 意即因依賴他人而產生的愛的感覺，「依愛」能表達出 Amae 跟溺愛與依賴細微的相似之處與差異，是目前為止最好的翻譯，因此下文將以「依愛」作為 Amae 的翻譯。

依愛之情最先體現於母親與嬰兒的關係。[4] 一般來説，嬰兒不會亦不懂表達自己的要求，他只會被動地失聲痛哭，讓母親主動去體察他到底是肚餓、疲倦或是想得到擁抱。他亦不會考慮自己的要求是否合理，不理會身處什麼地方或是母親是否做得到。對於嬰兒的無理要求，母親不單不會加以責備，反而會感到被依賴的快樂，同時認為自己應該無條件地溺愛嬰兒。於是乎，一種依愛之情便從母子關係中漸漸建立出來。由是觀之，依愛有兩個特點。一，它是被動地希望別人主動體察自己的需要，即不是我告訴你我想要 X 而你為我做 X，而是我希望我不用明言我想要 X，但你依然能察覺到我的需要而主動滿足我。二，它常常包含不合理的要求，但這種不合理的要求卻被視為正面的和可貴的，這從 Amae 的字根 Amaeru 所演化的形

容詞 Amai（甜）可得到印證。Niiya、Ellsworth 和 Yamaguchi 的研究亦指出，當面對代表依愛的不合理要求時（例子：朋友請你幫忙修理電腦／照顧寵物／提供住宿），日本人比西方人感到較多和較強烈的正面情緒。[5]

這種依愛之情其實並不只存在於日本人身上，其他民族的母子關係也存有溺愛。只是，隨着年齡的增長，成人一般會停止滿足小童的依愛，而小童亦視其對父母的依愛為不合適。但是，日本人卻將這種依愛之情延伸到成人的關係當中，不單是母子關係，甚至情人、朋友、老師與學生，甚至是上司與下屬之間，也出現如母子間的依愛。[6]首位研究依愛的心理學家土居健郎以他自己在美國的例子，說明朋友之間的依愛之情。他曾到美國探望一位剛認識的朋友，進入朋友的家中後，朋友問土居健郎會否肚餓，請他隨便享用桌子上的餅乾。雖然土居健郎感到飢餓，但他卻拒絕了，心裏感到不是味兒，之後他反省自己當時的情緒，才明白自己之所以不快，是因為他不希望朋友詢問他是否肚餓，並讓他自己決定吃或不吃，而是希望自己什麼都不用說，朋友就能主動體察到他的飢餓，從而滿足其需要。他意識到自己對朋友產生了依愛之情，以及因為依愛的期望得不到滿足所衍生的委屈之情（Higamu）。[7]

依愛以及其相連的不合理要求亦會出現在師生、朋友和僱主與僱員之間。Behrens 訪問了一位來自札幌市的男老師，他說：「學生經常來問我關於就業的事情，這些事他們本應問學校的一些行政人員的……他們不會直接問：老師，請替我做這事，而是會說：噢，我不知道怎麼辦。表現得希望我會主動去替他們做某些事。」[8]一位日本的女專業人士亦描述了她的被依

愛經歷。有一次她朋友的妻子請她幫忙翻譯一份稅單，出於對朋友的道義，她只收取了相當微薄的費用。之後，這女人再找她幫忙翻譯一封信，並堅持親自帶到她的公司，原來這封信竟是那女人給情夫的信！[9] 這種依愛表現於，即使那女人知道對方認識她的丈夫，她也期望別人會替她保守秘密。日本一項關於工作關係的研究亦指出，日本人心目中的好老闆，不在於能夠作出好的決策，而是能夠體恤下屬一些非公務的需要，例如在員工失戀的時候關懷員工，或在員工因家事而感到不開心的時候給予安慰。這些期望顯示了員工對僱主的依愛。[10]

2. 日本文化與依愛的形成

依愛這種本應只存在於母親與嬰兒之間的情緒，居然會延伸至青年以至於成人的世界，跟日本獨特的島國文化有莫大關係。[11] 地理上，日本作為一個四面環海兼身處板塊移動地帶的小島，經常要承受各種天災，例如地震、颱風和海嘯等。同時，國家缺乏如石油、木材等天然資源，與其他國家亦沒有緊密的連繫，故此，日本人相當重視人與人之間的關係。只有每個人的關係變得鞏固，互相幫助，才可以讓國民生存下去。這種島國文化讓日本演化為集體主義（Collectivism）的社會。集體主義與西方的個人主義（Individualism）相反，西方強調獨立（Independence），而日本着重的則是互相依賴（Interdependence）。[12] 當西方人介紹自己時，會指出自己的特長與喜好，例如我是一個喜歡煮食或四處遊歷的人。可是，對

於日本人來說，自我介紹卻會指出自己所屬的團體或崗位，例如我是某公司的職員或某人的兒子。日本人傾向從一段關係建立自己的身份（Identity），而不是強調個人的特質。這也說明了日本人互相依賴的一種特性。

集體主義能解釋日本人對依愛的重視，與之相輔相成的育兒哲學與工作文化則能解釋何以這種依愛之情會延伸到青年和成人的世界。母乳餵哺在日本相當普遍，一般嬰兒到八至九個月大才開始斷奶，至十五個月左右才完成這個階段；[13] 相較於西方嬰兒一般在六個月大開始斷奶，八至十個月完成此一階段，日本嬰兒的哺乳期要長得多。對於日本嬰兒來說，母親的乳房不單是提供營養的對象，更是獲得安全感、愉悅感，以及與母親親密接觸的對象。[14] 因此，即使嬰兒已斷奶，母親還是會容許他們觸摸或吸吮自己的乳房。日本亦有親子共睡的文化，小孩與父母一起睡覺直至四至五歲，之後會改為與祖父母或是兄弟姊妹共睡。[15] 擁有一個四歲男孩的母親形容道：「當他去睡時，我們需要睡在一起，他一點也沒有嘗試改變這習慣。我們會手拖手，聊聊天，只有這樣他才能入睡。」[16] 對於日本人來說，不論任何年紀，獨自睡覺都被視為一種不愉快的事。最後是共浴文化。在日本，不論多麼細小的住宅都必定配置一個浴缸，因為親子一起泡澡對家庭的維繫起着重要的作用。泡澡與其說是為了清潔，不如說是與家人共享最放鬆、最舒適一刻的珍貴機會。[17] 父親與女兒的共浴會到女兒的青春期才停止，母親與兒子，以及同性家人之間的共浴，甚至可以到小孩長大成人還一直維持下去。從日本哺育、共睡和共浴的文化，可以理解為什麼嬰兒對母親的依愛會延伸至青少年甚至成人

的關係之中。

就工作而言，日本的公司大多採取終身僱用制度，意即由入職直至退休，員工也是在同一所公司工作。[18] 公司不會因為經濟不景或轉型而裁員，而員工亦不會為了加薪或升職而轉工。這種終身僱用制並非基於法律的規定，而是日本勞資雙方的不明文約定，它源起於明治維新時期，當時的紡織業急遽成長，勞動力需求大增，不同公司之間的轉職和挖角頻繁，使公司成本大增，「鐘紡」的社長武藤山治首先以「溫情主義」作改革，提出各種改善員工工作和生活條件以長期挽留人才的人事制度，例如鼓勵員工就公司政策提出意見，創辦雜誌，讓員工投稿作申訴。[19] 又着重改革員工的生活福利，在公司設置浴室、休息室，為員工及其家屬提供廉價的醫療和託兒服務，更會定期舉辦運動會、觀光旅遊，以及各種與生產有關的教育課程。在這些措施之下，員工對公司的歸屬感大增，日本社會學者間宏的研究指出，鐘紡在 1902 年至 1906 年間，員工流失率下降了 66%，與招聘相關的費用減少了 50%。

自鐘紡的成功，終身僱用制在日本的企業中慢慢確立下來。[20] 僱主着重培養員工對公司的忠誠，以年資決定工資，就算在公司業績不佳時，也極力避免裁員，改以減薪或延長工時來應對。僱主亦為員工提供林林總總的福利和技術訓練，就算在員工退休之後，亦為其提供退休金和再就業教育，保障員工退休後的生活。在終身僱用制下，自員工進入公司直至退休，他們與僱主一直保持工作以至於生活上的關係，彼此猶如家人互相照顧，在等級分明的公司中，上司猶如可供依賴的長輩，下屬由是容易對其產生依愛之情。

3. 日本少年問題與依愛喪失

依愛之情令青少年容易對成年人產生（未必合理的）依賴，當這種依愛得不到滿足時，便會衍生種種負面情緒。土居健郎舉例說，乖戾（suneru）是因為無法理直氣壯地依愛而衍生的脾氣，忌恨（uramu）是依愛被拒所產生的恨意，乖僻（higamu）是依愛得不到滿足而感到的委屈。二戰後的日本經濟起飛，成為世界上最富有的國家之一，自一九九〇年代開始經濟下滑，陷入所謂「失落的二十年」。[21]「新人類」在孩童時期認識了父輩的輝煌往事，對其產生了濃厚的崇拜和依愛之情，怎料自己剛進入社會，卻要面對泡沫經濟爆破、失業、裁員等問題。[22]他們發現自己依愛的對象不單無法解決自己面對的種種困局，甚至是造成這些困局的原因。這種依愛的喪失使乖戾、忌恨等情緒在青少年之間蔓延，衍生了種種社會問題。

其一為隱蔽青年的出現。日本精神科醫生齋藤環指出，隱蔽青年可理解為拒絕融入社交或社會活動的青年，他們躲藏於家中（甚至是只留在房間裏），時間達半年或以上。[23]日本的官方統計數字顯示，2012年隱蔽青年的平均年齡上升至三十四歲，而十五歲至三十四歲的隱蔽青年高達六十多萬人。[24]可是，齋藤環認為，隱蔽青年習慣隱藏自己，日本實際上的隱蔽青年人數可能已經達至一百萬人，相對於任何一個發達國家的比率都要高。[25]究其原因，跟依愛這種情緒不無關係。要成為隱蔽青年的最重要條件是不愁衣食，有人照顧。在日本，大部分父母皆體察子女對自己的依愛，並認為這種依愛是合適的、是甘甜的，而子女也認為自己依賴父母天經地義，不會感到內

疾。他們甚至會怪責父母和社會，認為自己難以找到工作，難以融入成人的世界不是自己的責任，而是父母沒為自己鋪好將來的路所致。一個住在東京的日本女子說：「我已年過三十但依然與父母同住。我不斷告訴自己，我應該離開，應該獨立一點。但我因着在家的諸種方便而倚賴着父母。」[26] 這種因為依愛而產生的依賴和依愛得不到滿足而產生的乖戾，使得日本擺脫隱蔽生活的意欲偏低。

另外，受着依愛喪失所衍生的情緒影響，日本少年的犯罪率遠高於成人犯罪的數字。[27] 日本的警察廳曾發表青少年犯罪的統計數字，在 2006 年受處分的少年犯罪者共錄得 112,817 人，意即每一千名青少年，便大約有 15 人犯事。當中傷害他人身體的個案有 5,919 宗，暴力威嚇案有 2,117 宗，搶劫案有 892 宗，而謀殺案有 69 宗。[28] 更令人關注的是，2009 年十四歲或以下因犯罪而需要接受警方指導的少年錄得 18,029 名，[29] 犯罪年輕化的問題嚴重。同年，重複犯罪的青年也有 28,295 人，即每一千名青年便有 3.9 人是重犯者，是成年重犯者的 3.5 倍。[30]

跟一般謀殺案不同，由依愛喪失所驅使的少年謀殺案，其殺人動機往往幼稚而微不足道，殺人手法卻異常殘忍。1998 年的黑磯中學女教師被殺事件，十三歲少年謀殺女教師，原因是女教師責罵其遲到的行為；[31] 2000 年的佐賀巴士劫持殺人事件，十七歲少年劫持巴士達十五小時，造成一死三傷；[32] 2004 年的佐世保小學生殺人事件，小六女生因同學取笑自己的新髮型，故用美工刀割斷其頸動脈；[33] 2014 年，一位十五歲女學生將多年的好友殺害及分屍，更在網上發佈多張雙手染滿血的相片。[34] 當中最著名的，要算是 1997 年的酒鬼薔薇聖斗事件，十四歲

少年連續殺害多名小學生，行兇手法殘忍，更在分屍的遺體上留有紙條：「酒鬼薔薇聖斗的遊戲要開始了。各位愚鈍的警察諸君，試着來阻止我吧。殺人令我感到非常的愉快。好想看到人的死亡。用死亡來制裁骯髒的蔬菜吧，用流血來制裁我經年累月的怨恨吧。」[35] 從字裏行間，少年對成人（甚至是警察）的不滿和怨恨表露無遺。

4. 從依愛看《死亡筆記》

　　當我們了解到日本青少年的依愛與依愛喪失之情，我們就明白為什麼日本會出現諸如《死亡筆記》這樣反成年人的漫畫。《死亡筆記》詳細講述少年夜神月如何以死亡筆記替天行道的故事，反映出作者對成人社會司法制度的徹底不信任，月以死亡筆記殺害二人後說：「世界正在腐化。不停腐化的傢伙死了會更好。如果⋯⋯如果我擁有這本筆記，便辦得到⋯⋯」。[36] 對於腐化的世界，他認為單憑成人的法律根本無法改正，他說：「不管是怎樣的蠢材，也會察覺到壞人正在被某人消滅，全世界也知道我的存在，知道有一個正義的審判者！變成所有人也不做壞事，世界確實地向着好的方向走。接着，受罪是理所當然的壞人會因心臟麻痺而死的背後，我會將沒有道德的人、給人添麻煩的人，以疾病或意外等方法逐少消滅。」[37] 漫畫刻意鋪排一個少年成為「新世界的神」，本身就是對成人世界最大的不信任。故事中段，月為了擺脫追捕，放棄了死神的能力，將之交予一成人火口。當火口得到死亡筆記，他沒有用來處死罪

有應得的人，反之，他與其他七位同事共同決定殺了威脅公司的商業對手來提高公司業績。這七名同事中的奈南川一早看透火口是奇拿，指火口所扮演的奇拿對正義沒有興趣，並暗示：「就算多次中彩票，買股票賺大錢，暴發戶和具有地位的富翁，在意義上和待人方式都不同。如果奇拿在我們當中，他所處位置該得到地位和金錢。」[38] 從月與火口使用死亡筆記的目的作對比，前者單純而正義，後者自私而虛偽，深刻地揭示了成人醜陋的一面。

對成人的不信任同時反映在追捕月的少年 L 之上。本來對付月這種嚴重罪犯，應該由司法部門的精英負責，然而，這些所謂精英的貪生怕死和不可靠在故事中表露無遺。例如，日本警方相繼請辭或不願意加入追捕奇拿（真正的身份就是月）的小組，原因是愛惜自己的生命。[39] 他們知道奇拿能運用超能力殺人，害怕奇拿會殺死拘捕他的人。當警方高層下達不再調查奇拿時，L 說：「我本來就是獨來獨往，大部分警察都因為不想被奇拿殺，一問他們能不能幫忙，馬上便別過臉去。」[40] 美國 FBI 十二名探員被奇拿殺害後，FBI 的長官指有證據證明奇拿居住在日本，加上長官希望保住自己的性命，決定 FBI 不再插手日本的事上。[41] 美國副總統甚至宣佈認同奇拿，他不認為奇拿是正義，卻說：「不過奇拿的力量令戰爭消失了，不單止我國，其他地方的犯罪組織也陷於瓦解狀態。還有，總統的死已查出是因為他有意私下追捕奇拿有關。正面對抗奇拿肯定只會被殺。」[42] 結果，追捕奇拿的責任只能落在少年 L 和四五個日本警察之上。與成人的虛偽和懦弱相比，L 的勇氣和決心顯得無比珍貴，L 說：「我也是第一次拼上性命去決勝負。我們這班拼上性命而集合在這

裏的人就讓他見識一下吧。正義是一定會得到勝利的！」。[43]

最後，渴望依賴成人而發現成人不可靠所衍生的乖戾與忌恨，亦反映在不同人對奇拿的依愛之上。躲在暗處憑着一己之欲來處決人的奇拿，本應是令人害怕和厭惡的對象，但故事描述愈來愈多人慢慢地對奇拿產生了依愛之情，希望奇拿能創造沒有罪惡的世界。例如，有人開設了屬於奇拿的網站，內容是：「救世主奇拿傳說 —— 現今，世界上的犯罪者相繼消失的原因是奇拿絕對不會姑息世上的罪惡，是來自地獄的使者。只歡迎相信奇拿已復活的人進入這個網站。」[44] 電視台開始了「奇拿王國」的節目，主持人更向大眾説：「支持奇拿的各位，大家同心協力，監察世上每個角落吧。要是發現罪犯，請即通告我們櫻花電視台的出目川，為了正義，我會以自己的技術、人才和同僚，一同合力調查。到最後，奇拿……在神證實之下……實實在在的裁判罪犯。」[45] 甚至乎警察也對奇拿有所依愛。警察松田問：「你們心底也認為奇拿是邪惡的嗎？坦白説……我不覺得他是完全邪惡……不過，我覺得奇拿也在對抗罪惡。」[46] 到月死後，警察松田還是暗暗希望月得到勝利。[47] 故事完結之時，大家知道奇拿死了，一群跟隨者在黑夜裏拿着火光，悼念奇拿，顯示大眾對奇拿的依愛沒有因奇拿的死而消失。[48]

5. 結語

《死亡筆記》在日本大受歡迎，改編而成的三套電影皆有不錯的票房，除了因為故事表現出精彩的推論和鬥智鬥力外，當

漫畫與哲學

中反映對成人世界的醜惡的嘲諷和不信任，亦為不可忽視的原因。要理解這種深刻的不信任何以會出現在眾多受歡迎的漫畫之中，筆者認為，可從日本人獨有的依愛之情，以及因依愛喪失而生的種種負面情緒去分析。日本漫畫在亞洲大行其道，風靡一時，或許跟培育出依愛（或相近的依賴之情）的亞洲文化不無關係。

哲學教室

先天 VS 後天

情緒到底是生而有之還是後天習得的呢？支持前者的稱為「基本情緒論」（Basic Emotion Theory），認為情緒是一個提高我們生存與繁殖機率的機制，因其演化上的重要性而被寫進我們的基因中，世代相傳，天生便懂，一般包括憤怒、恐懼、噁心、悲傷、驚訝與快樂六種基本情緒。支持後者的則稱為「社會建構論」（Social Construction Theory），認為情緒是人類在不同文化的薰陶與教育下的產品，對社會的穩定與價值觀的維繫起着關鍵作用，由於不同社會的具體需要不同，因此建構出來的情緒亦各異。

情緒哲學

自柏拉圖開始，情緒向來被哲學家認為是理性的敵人，是妨礙我們達至幸福生活的元兇。直到二十世紀，英美哲學家才重新反省人類情緒的深度與複雜性，提出情緒並不是單純的主觀感受（Qualia）或是身體反應，而是包含着不同的事實與價值判斷的理性活動，這主張統稱為「認知情緒論」（Cognitive Theory of Emotion），代表人物包括羅拔‧C‧所羅門（Robert C. Solomon，1942－2007）和瑪莎‧納思邦（Martha Nussbaum），其哲學研究的特色為廣泛引用最新的心理學、認知科學與神經科學的研究，作為其哲學論證的證據，有別於傳統的倚賴直覺與邏輯的「扶手椅哲學」（Armchair Philosophy）。

1　〔日〕大場鶇原作，小畑健畫：《死亡筆記》。香港：文化傳信，2004－2006 年。

2　Johnson, Frank A., *Dependency and Japanese Socialization: Psychoanalytic and Anthropological Investigations into Amae* (New York: New York University Press, 1993).

3　〔日〕土居健郎著，黃恆正譯：《日本式的「愛」：日本人「依愛」行爲的心理分析》。台北：遠流出版社，1971 年。

4　Doi, Takeo, *The key analysis of Japanese behavior: The Anatomy of Dependence*, trans. John Bester (New York: Kodansha, 2014).

5　Niiya, Yu, Phoebe C. Ellsworth, and Susumu Yamaguchi, "Amae in Japan and the United States: An Exploration of a 'Culturally Unique' motion", *Emotion*, Vol. 6, No. 2 (2006), pp. 279–295.

6　Behrens, Kazuko Y., "A Multifaceted View of the Concept of Amae: Reconsidering the Indigenous Japanese Concept of Relatedness", *Human Development*, Vol. 47, No. 1 (2004), pp. 1–27.

7　Doi, Takeo, "The First Idea of Amae.", *The key analysis of Japanese behavior: The Anatomy of Dependence*, p. 11.

8　Behrens, Kazuko Y., "A Multifaceted View of the Concept of Amae: Reconsidering the Indigenous Japanese Concept of Relatedness", *Human Development*, Vol. 47, No. 1 (2004), p. 19.

9　同上，頁 21。

10　Dolan, Ronald E., and Robert L. Worden, *Japan: A country study* (Washington, D.C.: Federal Research Division, Library of Congress, 1992).

11　Johnson, Frank A., *Dependency and Japanese socialization: Psychoanalytic and anthropological investigations into amae*, pp. 110–111.

12　Raeff, Catherine, "Multiple and inseparable: Conceptualizing the development of independence and interdependence", *Human Development*, Vol. 49, No. 2 (2006), pp. 96–121.

13　Vogel, E. F., "Kinship structure, migration to the city, and modernization", in R. P. Dore (Ed.), *Aspects of social change*

注釋

in modern Japan (Princeton, N.J.: Princeton University Press, 1967), pp. 91–112.

14　Lebra, Takie Sugiyama., *Japanese patterns of behavior* (Honolulu: University of Hawaii Press, 1976).

15　Johnson, Frank A., *Dependency and Japanese socialization: Psychoanalytic and anthropological investigations into amae*, pp. 115–117.

16　Behrens, Kazuko Y.,"A Multifaceted View of the Concept of Amae: Reconsidering the Indigenous Japanese Concept of Relatedness", *Human Development*, Vol. 47*,* No. 1 (2004), p. 14.

17　Johnson, Frank A., *Dependency and Japanese socialization: Psychoanalytic and anthropological investigations into amae*.

18　張端雄、林顯宗:《日本社會》。台北:致良出版社,2000 年。

19　林顯宗(1992)。日本的終身雇用制 —— 勞資和諧之分析。國立政治大學學報,64,267－290。

20　同上。

21　〔日〕池田信夫著,胡文靜譯:《失去的二十年:日本經濟長期停滯的真正原因》。北京:機械工業出版社,2012 年。

22　邱淑婷:《中日韓電影:歷史、社會、文化》。香港:香港大學出版社,2010 年。

23　同上。

24　Statistics Bureau of Japan, "Employment structure of the population of 15 years old and over and households", Employment Status Survey (2012). Retrieved 11 January 2019, from http://www.stat.go.jp/english/data/shugyou/pdf/sum2012.pdf

25　張雅婷:〈日本「隱蔽青年」逐年增加足不出戶自我封閉〉,環球網,2013 年 7 月 9 日,http://world.huanqiu.com/exclusive/2013－07/4107509.html,2019 年 1 月 11 日下載。

26　Behrens, Kazuko Y., "A Multifaceted View of the Concept of Amae: Reconsidering the Indigenous Japanese Concept of Relatedness", *Human Development*, Vol. 47 (2004), p. 15.

27　National Police Agency, "On the publication of the white paper on police 2010" (2010). Retrieved 11 January 2019, from http://www.npa.go.jp/hakusyo/h22/english/White_ Paper_2010.pdf

28 National Police Agency, "Situation of juvenile delinquency in Japan in 2006" (2007). Retrieved 11 January 2019, from https://www.npa.go.jp/english/syonen1/20070312. pdf

29 National Police Agency, "On the publication of the white paper on police 2010" (2010). Retrieved 11 January 2019, from http://www.npa.go.jp/hakusyo/h22/english/White_ Paper_2010.pdf

30 同上。

31 Kamimura, Marina, "Teen violence rising in Japan", World News, CNN (14 March 1998). Retrieved 11 January 2019, from http://edition.cnn.com/WORLD/9803/14/japan. teen.violence/

32 〈日警擒獲騎劫巴士瘋子〉,《星島日報》網頁,2000 年 5 月 5 日,http://std.stheadline.com/archive/fullstory.asp?a ndor=or&year1=2000&month1=5&day1=5&year2=2000&mon th2=5&day2=5&category=all&id=20000505b01&keyword1=& keyword2,2019 年 1 月 11 日下載。

33 〈日本少年殺人事件〉,Now 新聞,2014 年 7 月 29 日,http://news.now.com/home/international/ player?newsId=108024,2019 年 1 月 11 日下載。

34 同上。

35 Schreiber, M.,"Grisly Sasebo murder defies explanation", *The Japan Times* (16 August 2014). Retrieved 11 January 2019, from http://www.japantimes.co.jp/news/2014/08/16/ national/media-national/grisly-sasebo-murder-defies- explanation/#.VT3z8SGqpBc

36 《死亡筆記》,1 卷,頁 43。

37 同上,頁 47。

38 同上,5 卷,頁 190。

39 同上,1 卷,頁 120。

40 同上,5 卷,頁 111。

41 同上,2 卷,頁 21。

42 同上,9 卷,頁 101-102。

43　同上，2卷，頁87。

44　同上，1卷，頁65。

45　同上，9卷，頁150－151。

46　同上，頁105。

47　同上，12卷，頁200。

48　同上，頁203。

中文專著及漫畫

- 〔日〕 土居健郎著，黃恆正譯：《日本式的「愛」：日本人「依愛」行為的心理分析》。台北：遠流出版社，1985 年。

- 〔日〕 大場鶇原作，小畑健畫：《死亡筆記》。香港：文化傳信，2004－2006 年

- 〔日〕 池田信夫著，胡文靜譯：《失去的二十年：日本經濟長期停滯的真正原因》。北京：機械工業出版社，2012 年。

- 邱淑婷：《中日韓電影：歷史、社會、文化》。香港：香港大學出版社，2010 年。

- 張端雄、林顯宗：《日本社會》。台北：致良出版社，2000 年。

中文報章期刊

- 林顯宗（1992）。日本的終身雇用制 —— 勞資和諧之分析。國立政治大學學報，64。

- 張雅婷：〈日本「隱蔽青年」逐年增加足不出戶自我封閉〉，環球網，2013 年 7 月 9 日，http://world.huanqiu.com/exclusive/2013－07/4107509.html，2019 年 1 月 11 日下載。

- 〈日本少年殺人事件〉，Now 新聞，2014 年 7 月 29 日，http://news.now.com/home/international/player?newsId=108024，2019 年 1 月 11 日下載。

- 〈日警擒獲騎劫巴士瘋子〉，《星島日報》網頁，2000 年 5 月 5 日，http://std.stheadline.com/archive/fullstory.asp?andor=or&year1=2000&month1=5&day1=5year2=2000&month2=5&day2=5&categry=all&id=20000505b01&keyword1=&keyword2，2019 年 1 月 11 日下載。

英文政府檔案

- National Police Agency, "On the publication of the white paper on police 2010" (2010). Retrieved 11 January 2019, from http://www.npa.go.jp/hakusyo/h22/english/White_Paper_2010.pdf

- National Police Agency, "Situation of juvenile delinquency in Japan in 2006" (2007). Retrieved 11 January 2019, from https://www.npa.go.jp/english/syonen1/20070312.pdf

- Statistics Bureau of Japan, "Employment structure of the population of 15 years old and over and households", Employment Status Survey (2012). Retrieved 11 January 2019, from http://www.stat.go.jp/english/data/shugyou/pdf/sum2012.pdf

英文專著

- Doi, Takeo, *The key analysis of Japanese behavior: The Anatomy of Dependence* (New York: Kodansha, 2014).

- Dolan, Ronald E., and Robert L. Worden, *Japan: A country study* (Washington, D.C.: Federal Research Division, Library of Congress, 1992).

- Johnson, Frank A., *Dependency and Japanese socialization: Psychoanalytic and anthropological investigations into amae* (New York: New York University Press, 1993).

- Lebra, T. S., *Japanese patterns of behavior* (Honolulu: University of Hawaii Press, 1976).

- Morsbach, H., & Tyler, W. J., "A Japanese emotion: Amae", in R. Harré (Ed.), *The social construction of emotions* (Oxford, UK: Blackwell, 1986), pp. 289–307.

- Vogel, E. F., "Kinship structure, migration to the city, and modernization", in R. P. Dore (Ed.), *Aspects of social change in modern Japan* (Princeton, N.J.: Princeton University Press, 1967), pp. 91–112.

英文報章期刊

- Behrens, Kazuko Y., "A multifaceted view of the concept of amae: Reconsidering the indigenous Japanese concept of relatedness", *Human Development*, Vol. 47, No. 1 (2004), pp. 1–27.

- Ekman, P., "An argument for basic emotions", *Cognition and Emotion*, Vol. 6, Issue 3–4 (1992), pp. 169–200.

- Niiya, Yu, Phoebe C. Ellsworth, and Susumu Yamaguchi, "Amae in Japan and the United States: An Exploration of a 'Culturally Unique' Emotion", *Emotion*, Vol. 6, No. 2 (2006), pp. 279–295.

- Raeff, Catherine, "Multiple and inseparable: Conceptualizing the development of independence and interdependence", *Human Development*, Vol. 49, No. 2 (2006), pp. 96–121.

- Schreiber, M., "Grisly Sasebo murder defies explanation", *The Japan Times* (16 August 2014). Retrieved 11 January 2019, from http://www.japantimes.co.jp/news/2014/08/16/national/media-national/grisly-sasebo-murder-defies-explanation/#.VT3z8SGqpBc

- Kamimura, Marina, "Teen violence rising in Japan", World News, CNN (14 March 1998). Retrieved 11 January 2019, from http://edition.cnn.com/WORLD/9803/14/japan.teen.violence/

《死亡筆記》中的依愛之情

《Pluto》：
阿童木的理性與感情

——羅雅駿

不論是文學小説、電影或漫畫中的故事，很多時都能打動人心。故事中的起、承、轉、合盛載着喜、怒、哀、樂。它們的情節彰顯着親情、愛情、妒忌、羞恥、尷尬、內疚等這些複雜的人情世事。由浦沢直樹執筆繪畫，改編自手塚治虫《小飛俠：地上最大機械人篇》[1]的《Pluto》[2]便是一個很精彩的例子。它的故事情節既能打動人心，同時透過故事中的機械人，探討到一些有關情緒的本質與理性之間的關係的問題。

1. 高志的復仇計劃

　　故事由機械人刑警基斯克調查另一台高性能機械人蒙布朗的死亡而展開。調查過程中，其他有份參與第三十九次中亞紛爭的少數高性能機械人及波拉調查團成員亦相繼受害，他們分別是蘇格蘭的諾斯 2 號、土耳其的布蘭度、希臘的豈拉古烈士及澳洲的艾普斯朗。基斯克在調查過程中逐步揭示故事的背景及事件的前因後果。

　　波斯國的獨裁者達利奧 14 世希望令國家迅速綠化，委託科學家阿布拉博士製造全世界最強大的機械人，取名為「波拉計劃」。可是，計劃一直也未能成功，而一具世界上最強大的機械人須擁有最強的人工智能，所以阿布拉博士尋求設計人工智能的專家天馬博士來協助。天馬博士亦不負所託，製造出一台擁有高級人工智能的機械人，可是它因為某些原因而不能甦醒。波拉計劃引起了色雷斯合眾國總統的注意，他為了自己國家的未來及利益，成立了「波拉調查團」。他誣衊波斯國企圖製造大殺傷力的人工智能，以此為藉口發動了戰爭。

　　此舉為當地人民的生活帶來嚴重的傷害及損失，阿布拉博士是其中一位受害者。他在那場戰爭中失去了家人，令他悲痛欲絕，而憤怒的他從此憎恨所有人，使他萌生毀滅世界的念頭。後來，阿布拉在戰爭中也喪生了，他死前命人把自己的記憶交給天馬博士，希望注入未能甦醒的機械人中。一如天馬博士所料，記憶注入後，機械人便立刻甦醒過來。這些資料主要是憤怒、悲哀、憎恨等負面情緒。這些負面情緒使機械人中的人工智能最終選擇了變成阿布拉博士，並衍生出高志此雙重人

格。阿布拉與高志分別製造出布魯圖及波拉，但出於憤恨，他把從事綠化研究的撒哈特的人工智能注入布魯圖的電子腦，並以憤怒的情緒影響及操縱撒哈特的意志，利用他進行了一連串謀殺波拉成員的復仇行動。最後，高志更把波拉變成反質子炸彈，安放在色雷斯合眾國伊甸國家公園的溶岩層，企圖毀滅地球。

2. 冰冷的理性能作出最好的決策？

《Pluto》圍繞着這些超級機械人的感情故事而發展，而機械與情緒這對概念結合成一組對立的元素，機械與血肉、冰冷與熾熱、理性與情感。受到新近大腦神經科學及生物生理學研究成果的啟發，有關情緒的專論在哲學界中亦日益盛行。這些研究的方向某程度地承繼了早期心理學的傳統，以着重情緒的生物生理反應、大腦神經結構及其運作為主軸。

大腦神經研究者安東尼奧·達瑪吉奧（Antonio Damasio）依循此方向，在他的書《笛卡兒的謬誤》（Descartes' Error）[3] 中發掘情緒跟理性的關係，嘗試為理性運作尋找背後的神經生物學基礎。他的研究結果指出，情緒在決策過程中扮演着重要的角色，提出了「軀體標記假說」（somatic marker hypothesis）。他認為理性簡單來説就是決策，而決策的本質是在面對某情境時，在眾多的選項中揀選一個合適的應對，此應對可以是一組語句、單字或非語言的行動等，又或是以上所有的組合。某些傳統對理性及決策的想法是，決策者運用對所身處周遭環境的

知識及過往累積的經驗，再以合乎邏輯的推理、機率運算、成本效益的分析（cost-benefit analysis）及手段與目的（means-end）的計算，達至一個「理性」的結論，依此為依據作出決策。這裏的理性與情緒彷彿是兩種截然不同甚或是對立的元素，所以一個好的決策亦應建基於「理性的」運作過程，不受情緒左右。《Pluto》中機械人的設計似乎也依此理性觀為藍本。但在天馬博士心目中，一具接近完美人類的機械人並非如此。他應阿布拉博士的邀請去到波斯國，成功製造出一具擁有高級人工智能的機械人。他分析了全世界六十億人口的性格，並將它們輸入機械人的電子腦中。最初電子腦的系統就如以上所述的理性推理般運作，但由於牽涉太多的資料分析，需要無限時間才能完成整個運算分析，令機械人沒法甦醒。天馬博士更估計，機械人運作其間會高速地模仿不同人的性格及情緒，導致面部的人工皮膚不斷轉換表情。為了令它甦醒，天馬博士作出了一個大膽的假設：「破壞平衡……要將六十億個混沌領向同一個方向」，而方法就是「注入負面的情感」，例如：「憤怒、悲哀、憎恨」，因為「負面的情感就是將混沌簡單化的解決程式」。[4]

漫畫中天馬博士所說的並非完全空想，因為「軀體標記假說」部分地吻合他的奇想。達瑪吉奧亦認為在傳統的理性觀之下，分析運算時須動用記憶力以存取相關的資料，而人腦的記憶力有限，就算利用工具協助記下所需的資料，避免記憶出錯，人亦不能同時保持集中力。[5]我們或者可以想像機械人的性能能夠克服這些缺陷，但以此種推理作出的決定便是好的決定嗎？以撒・艾西莫夫（Issac Asimov）的機械人系列小說中的某些情節，亦有針對此種理性觀的情節，而改編自他同名短篇故

事的電影《智能叛變》（I, Robot），似乎亦表達了對這種理性觀的懷疑。故事中的主角史普納警探（Spooner）在審問涉嫌殺害了自己設計者的機械人索尼（Sonny）時，索尼對他說，自己嘗試學習人類的情緒，但史普納反駁說機械人「不會感到恐懼、沒有感受」，是一種「模仿的生命」，還質疑機械人能否譜撰出動人的交響樂、把畫布變成美麗的藝術作品等。他質問索尼，為何只能執行指令的機械人須要模擬情緒，指責是它模仿出錯繼而殺死了自己的設計者，最後「觸怒」了機械人索尼。

另外，史普納與蘇珊·凱雯博士（Dr. Susan Calvin）爭論時說，機械人「冰冷、毫無感情、它們沒有感受」。反觀《Pluto》中很多高性能的機械人，就連史普納警探似乎也不得不承認它們擁有人類情緒的特質。《智能叛變》中的人工智能電腦運算出不違反「機械人三法則」[6]的非人性決策，得出殲滅人類就是對全世界最好的結論。這種理性觀所能得出的結論，可能就是《Pluto》中人類恐懼及憎恨機械人的原因。

3. 糾纏着肉身的大腦

我們細想一下便會發現，人在作出決策前，會在腦中產生對不同選項所導致的想像，它們並不一定如電影的長鏡（long shot）般連貫地在腦海中播放，更像是以電影高速剪接的模式零碎地浮現。達瑪吉奧認為，這些片段會伴隨一些感受，這是因為我們的大腦有一個機能，在我們過去作過某些決策時，身體會對其後果的好壞作出反應，大腦會自然而然地記下那些好

的或壞的結果及伴隨的感受，而這些感受會烙印在腦中成為一種標記，構成情緒知識及記憶，協助日後作出決策，形成一種類似直覺的能力。所以達瑪吉奧認為，情緒是一種標記，標示着軀體上的變化，包括內臟翻滾、血管收縮、體溫上升或下降、冒汗、內分泌導致的感受等，情緒便是大腦對這些標記的感知。所以當我們作決策時，軀體標記便會發揮作用，自然而然地為腦海中的片段賦予正面或負面的情緒，當負面情緒伴隨某些後果選項而出現時，它便有如一個警號般促使我們盡力避免；如果伴隨的是正面標記，它便是茫茫大海中的燈塔，成為我們的指路明燈。[7]

為了探究情緒的神經運作在決策歷程中的作用，達瑪吉奧與研究人員設計了一個賭博遊戲的實驗。他們的目的是要測試大腦前額葉受損的病人與正常人在風險評估及決策時的分別。實驗人員指示兩組參加者從四疊紙牌中抽出紙牌，每次抽出紙牌可獲得獎金或罰款。四疊紙牌中隱含一套規則，每疊紙牌中分別混合了獲獎及罰款的牌，其中兩疊的獎金微薄，抽中罰款時罰額亦相對地少；抽中另外兩疊的獎金牌時則會獲得高回報的獎金，但當抽中罰款牌時，罰額也相對地高，有時比獎金的金額還要高。參加者須在遊戲結束時累積最多的獎金。實驗開始前，研究人員在參加者的皮膚上貼上測量膚電反應的儀器（skin conductance response），它能量度人體處於情緒波動時極細微的排汗。他們發現遊戲玩至某個階段，腦部健康完好的參加者抽到那疊高風險紙牌的罰款時，皮膚會排出微量的汗水，而往後當他們抽取那兩疊高風險紙牌前，都會出現同樣的恐懼反應。最後他們不須經過審慎的思考，便會自然而然地避免去

抽取高風險的紙牌。相反，大腦前額葉受損的參加者，在抽到高風險罰款牌時雖然同樣會有排汗的情況，可是當他們再次去抽取高風險那兩疊紙牌前並沒有，而且他們會重複不斷地去抽取高風險的紙牌，結果入不敷支。

達瑪吉奧因此推論，身體的情緒記憶，尤其恐懼有助引導腦部完好的參與者作出決策。實驗結果反映我們需要一個完好無損的邊緣系統（limbic system）連結至皮層的腦前額葉，才能製造情緒記憶，協助導向我們作出對自身有利的決策。當腦部完好的參與者選擇抽牌時，情緒記憶便會產生作用，喚起之前的恐懼經驗，自動地提示並引導參與者抽取較低風險的那疊牌卡。

由於前額葉的損傷，這些患者在日常生活中，不論是個人或是在社交上，很多時都會作出一些不利自己的決定，導致生活中遇上很多困難。然而，達瑪吉奧的「軀體標記假說」並沒有完全否定傳統的理性觀，他認為只是依賴一種理性觀並未能全面解釋理性運作的過程。軀體標記有着篩選的功能，但在它發揮過後，我們很多時仍須運用推理來幫助以作出最終決策。[8] 我們可以想像天馬博士把阿布拉死前的記憶注入機械人的電子腦，憤怒、憎恨等負面情緒發揮了一種類似「軀體標記」的功能，喚醒了機械人，使之化身成阿布拉，發動一連串的報復計劃。

4. 身體與情緒的關係

達瑪吉奧的研究結果意味着情緒的產生需要一個完好的腦部去感應從軀體而來的刺激，是一種軀體與腦部之間的有機關

係。從這點我們可看到十九世紀心理學家威廉・詹姆斯（William James）的影子，他認為情緒是人對自身身體反應的感知。他說，試想像當恐懼來襲時，撇除心跳加速、呼吸困難、嘴唇顫抖、四肢乏力、毛骨悚然等這些身體反應的感知外，剩餘的還有什麼？他認為情緒的構成並沒有牽涉「精神」上的東西。[9]《Pluto》中基斯克受命保護受反機械人教團狙擊的阿道夫・哈斯。他們往安全屋途中，得悉除了反機械人教團的威脅外，還因阿道夫掌管波拉調查團與達利奧 14 世的重要資料，令他的處境非常危險。阿道夫懼怕得內臟翻滾欲嘔，他對基斯克說：「你一定會覺得很麻煩吧？人類的身體很不方便，恐懼會反映在身體上……」他怨指基斯克根本沒有感受，認為他不能理解人類。[10] 我們或許會疑惑構成情緒的元素中，真的如詹姆斯所言，除了是對身體中生理反應的感知外便沒有其他了嗎？

　　心理學家保羅・艾克曼（Paul Ekman）[11] 在上世紀六十年代曾經從事過一個非常重要的人類學田野研究。他到訪巴布雅新幾內亞的福爾部落進行了一項跨文化的研究，並發現了最少六種「基本情緒」（basic emotion），包括喜悅、悲傷、憤怒、恐懼、驚奇及厭惡（或噁心）。[12]「基本情緒」的意思是指這些情緒不須要經過後天學習或文化的薰陶，而是與生俱來的，就像嬰兒出生便懂得吸吮母乳充飢一樣，是種原始的本能，不論任何種族或文化背景的人都擁有的。艾克曼的研究結果為證明人類面部表情與基本情緒的關係提供了很有力的支持，及後他繼續發展了「微表情」（micro expression）的研究。例如快樂時的笑容，位於面頰負責笑容的顴大肌（zygomaticus major）令嘴角上揚，雙眼周圍的眼輪匝肌（orbicularis oculi）收縮令眼角出

現「魚尾紋」。所以有説我們只要觀察他人的眼睛，便能分辨一個真誠歡愉的笑容，因為根據研究所得，一個真切的笑容是由非自主的眼輪匝肌控制的。而亦有研究指出，當人主動嘗試控制這些肌肉，就算只能使用顴大肌，也能令人產生愉悦感。

漫畫中的基斯克臉上總是掛着一副憂鬱的表情，浦沢直樹以線條簡潔的畫風，準確地把他的情緒以畫筆勾勒出來，而該表情亦合乎艾克曼對面部表情的研究結果。根據艾克曼的觀察，當一個人悲傷時，眼蓋下垂是一個非常重要的特徵，比較次要的特徵是眼眉內側上揚、視線往下及緊合而扁平的嘴唇。對於失去了哥哥而耿耿於懷的阿道夫・哈斯，臉上也帶着同樣的表情。基斯克（Gesicht）的名字在德語中正是面孔的意思，相信這是作者希望我們留意其面孔的精心安排吧。

以上提到的這些研究結果顯示情緒的生理反應。情緒現象中的個體經驗或思想內容有時只會被視為一些副現象，並非情緒的核心構成部分。個體經驗及感受因人而異，而生物生理的「刺激－反應」（stimulus-response）是任何人遇上相同的刺激時也必然會出現的現象，可以被觀察、測量及驗證。它們確實能有效地解釋情緒出現時人體的運作，而人體的生物生理結構反應或某程度地決定了情緒的運作。但試想像，當某人問：「為何我會憤怒？我恐懼什麼？」她得到的回答是：「這是由於感觀受到刺激，大腦接收到這些刺激的訊號，發動了腦內一組由杏仁體為首的器官，統稱為『恐懼系統』……」，這類答案難免令人感到難以接受。她想要知道的是：「什麼東西、什麼人或事，引起了我們內心的恐懼」。

5. 情緒的世界

　　美國哲學家羅拔・C・所羅門（Robert C. Solomon）反對一些生物生理學及大腦神經學對情緒研究的結論，包括把情緒現象簡單地還原為大腦神元間的脈衝活動、荷爾蒙分泌多寡及肌肉血管的收縮鬆弛等生物性現象。所以他不滿從這類研究方法所得出的「基本情緒」（basic emotion）這些概念。

　　我們或許可借用他的情緒理論來嘗試理解《Pluto》中機械人的故事。由於他們的結構與人類的生物結構不同，而早前亦已提到情緒跟人身體的感受有很緊密的關係，所以我們其實很難想像機械人能擁有跟人類完全相同的情緒感受。但我們可以跟隨漫畫家筆下的想像，假設機械人表現出跟人類一樣的情緒表現時，反過來檢視我們人類之間的情緒為何，看看當中蘊含了多少除了生物生理反應外的元素。

　　所羅門在《忠於一己之情》（True to Our Feelings）[13] 中，雖不諱言生物生理學及現代大腦神經科學等對軀體、大腦結構的研究成果及貢獻是不容忽視的，可是他認為這些依賴科學技術的研究方式相當局限，使得研究情緒的焦點收窄於人體生理上短暫的反應，忽視整個情緒現象中思想內容的變化及其複雜性的本質，此亦是他不能完全認同艾克曼的研究的理由之一。

　　他在《忠》第一章以被公認為是基本情緒的憤怒為例，說明它並不基本原始，亦非負面。他把焦點放在人們「因何事而發怒？」、「因誰而憤怒？」等問題上，從而發掘憤怒時的情緒經驗，指出憤怒跟其他情緒一樣，是一種跟這個世界及他人的相處之道（Anger as a way of engaging the world）。[14] 文中

他承認憤怒的構成的確有其短暫的生物生理反應，但我們憤怒的經驗其實可持續良久，延續數日、數周、數月，甚至數年，身體中爆發性的生理反應只為整個憤怒經驗的一部分。以生物生理學為基礎的理論家視持續的憤怒為生理上或基因決定了有容易發怒的傾向，可是所羅門把此種持續的情緒解釋為人的視野上的一層顏料。被它塗上後，情緒築構成他們理解世界的底色，潛伏在人生中主導着人們的人生計劃、思想行為、關切的事物、記憶的內容、幻想的東西，甚至夢境等都染上了情緒的色彩，構成其持續性。基斯克的夢境正好反映這種被某種情緒籠罩的狀態。他經常發着同一個有關購買某東西的夢，這個夢中的影像在他想從廢鐵中拾回機械人刑警羅比的記憶體時亦在腦中閃過。[15] 這些影像其實是該國政府為了隱瞞基斯克殺了人類這事件而刪除的殘像，但是什麼東西勾起了這些理應已被徹底刪除的記憶，令它再次浮現在基斯克腦中？真相是，基斯克在過去的一次任務中，在機械零件回收場看到一具損毀嚴重的小機械人，把它從回收場中購回家中。他與妻子之間從此多了一位成員，就如人類的夫婦生了小孩一樣，組織起一個家庭來。他們發展了一段幸福的家庭關係，基斯克看着孩子由一具虛弱的廢鐵慢慢地變得可以逐漸行走起來，他首次感到：「原來『活着』是這麼回事。」[16] 可是後來小孩被阿道夫‧哈斯的哥哥殺死了，當時的基斯克怒火中燒，極度憤怒之下擺脫了規範機械人的設定，以右手中的「Zeronium 彈」把哈斯的哥哥一下子擊成粉碎。[17] 所以，就算此段記憶被刪除，失去孩子的悲傷情緒仍充斥着基斯克的整個人生，悲哀的情緒揮之不去，導致他被這些靈光一閃的殘像纏繞，惡夢連連。

從基斯克的悲傷到憤怒可看到，除了哀傷的表情及激動的反應外，基斯克其實是因為失去兒子而悲傷。因為哈斯的哥哥無端殺害了兒子而憤怒，其情緒內容是指向身體反應以外的這個事實。所以，所羅門說情緒有其結構及對象，他更進一步宣稱情緒是一種對人和事物的「判斷」（judgment）。[18] 基斯克失去了兒子的悲傷是他「失去了珍視的東西」及其「永不復再」的一個判斷。所羅門認為情緒的研究分析應整全地包括這些思想內容，還有情緒變化的歷程。這些內容反映個體與其他人和事之間的關係，這些關係透過情緒凸顯人們之間的相處之道及角色關係，構成他們如何理解及生活於身處其中的世界。

所羅門認為憤怒如很多別的情緒一樣有其結構。憤怒是一種對於自身受侵犯的判斷，而該判斷通常也指向某個特定的侵犯者及其行為。所以要了解憤怒，便須要找出受害者受到誰人侵犯，受到什麼侵犯。另外，他的解釋中有一個有趣的觀點，他指憤怒同時亦具策略性的價值，例如人可以透過發怒達至懾服他人的目的。這意味着憤怒來襲時，我們並非完全被動，而且具備某種正面有建設性的元素。他指出我們可透過學習，養成習慣，讓憤怒於合適的時機發揮作用。當成功震懾對方時，發怒者還可能會從中獲得喜悅力量，誘使他們重複發怒，自然而然地成為下一次遇上類似情況時的情緒反應，以應對周遭的人或事。因此所羅門認為我們應該為自己的情緒負上責任，理由是我們依然可以選擇如何培養自己的情緒，可以讓或不讓某些情緒的表達成為習慣。而且要學習如何發怒得宜，培養出何時、在什麼情況之下、以什麼方式向誰人發怒的判斷能力，因為人的確很容易被憤怒凌駕。由此可見，憤怒反映及牽涉個人

與他人互動的關係，並非只是個體體內的生理變化或個人感受。換言之，它是一種與人相處的生活方式，亦可透過憤怒了解自己與這個世界中所發生的人和事的關係。

故事中阿布拉博士受達利奧 14 世委託，製造一具能改善沙漠生態、綠化環境的機械人，希望藉以令國民（或只是自己）享受更好的生活。過程中的試驗品不斷失敗，所以累積了很多被廢棄的機械人屍體。此舉令色雷斯合眾國感受到威脅，而且起了疑心，造成了對波斯國正在製造大量破壞性兵器的臆測，懷疑他們計劃利用機械人兵團從事危害世界的陰謀。因此色雷斯合眾國聯同其他國家，派出最頂尖的精英及高性能機械人組成「波拉調查團」到波斯國調查。可惜調查演變成紛爭，造成機械人互相廝殺的慘烈大戰。有些倖存的機械人甚至做出恍如馬白克夫人（Lady Macbeth）夢遊時表現出罪疚感的行為，不斷嘗試洗擦染滿「血」的雙手。[19] 這種「失常」的行為彷彿暗喻故事中就連普通機械人亦能感到罪疚的情緒。戰爭為波斯國帶來嚴重的破壞，達利奧 14 世怪罪於色雷斯合眾國的人工智能主電腦及總統所發動的戰爭令他走投無路，企圖自殺。當已變成阿布拉的機械人勸阻了他，無助的達利奧 14 世既憤怒於色雷斯國令波斯國滿目瘡痍，渴望一個報復的機會，但又感到處處受色雷斯國國力的制肘，被他們佔盡上風。所羅門指當人長期地處於憤怒狀態時，會感到自己受到他人的侵犯及傷害，是一名受害者，這種關係又令受害者視自己屈服於侵犯者的淫威之下，處於「下風」（one down）。達利奧 14 世的憤怒正好是這種觀點的寫照。

如前所述，戰事波及阿布拉的家人，他從瓦礫中找到妻子

花洒瑪、機械人子女姆拉多及羅拉的屍體，令他悲痛不已，最後連自己也喪生了。阿布拉死前的遺願是把自己的記憶注入天馬博士的機械人中，而該機械人最終甦醒後化身為阿布拉。他把悲憤注入布魯圖，爆發性的憤怒驅使布魯圖進行殘暴的復仇行動；另一方面，分裂出來的人格高志體現了所羅門所言憤怒策略性的一面。高志計劃並製造出波拉機械人反質子炸彈，把它安置在伊甸國家公園，企圖殲滅人類。他受憤怒的驅使，花了長時間部署及計劃報復行動，憤怒掩蓋了悲哀，主宰了阿布拉整個甦醒後的行為及生活。跟基斯克一樣，阿布拉被情緒的濃霧籠罩其視野，有如戴上染有顏料的眼鏡去看這個世界。這亦合乎所羅門認為憤怒是一種可以持續歷久的情緒的論述。而所羅門延續其策略，指出憤怒可扭轉受害者處於「下風」的地位，甚至改變對這個世界的看法，而法國哲學家沙特（Jean-Paul Sartre）則形容此為「魔幻地改變世界」（magical transformation of the world）。[20]

所羅門認為憤怒是由判斷所構成的情緒，隱含了對周遭世界的感知、構想及評價。而憤怒最特別之處是它會把受害者的世界轉化成一個法庭，受害者投身其中，搖身一變成為法官，手執裁判大權，讓受害者瞬間佔回上風，所以憤怒中的判斷還帶有「審判」此雙重意義。在「憤怒」這個法庭內的被告，亦即侵犯者，鮮會得到一個公平的審訊，因為受害者在庭內地位超然，他扮演的既是專橫的法官，同時亦是陪審團，身兼多職。阿布拉及達利奧 14 世雙雙受到色雷斯國所害，悲傷之餘還極度憤怒，他們憎恨色雷斯合眾國及波拉調查團的所有成員，認為他們合謀毀滅波斯國，在二人心目中他們是共犯，要

受應有的懲罰。所羅門說受害者還會進一步把指控提升到一個道德的層面，憤怒演變成義憤，這個時候的憤怒不單是個人的指控，而是一個以道德之名，具普遍約束力的判決，所以可以想像受害者處於此心理狀態下獲得的力量感，企圖奪回主動權的欲望。阿布拉便是憑藉這股由憤怒而來的力量化身成道德判官，策劃其復仇行動來懲罰並處決波拉調查團的成員，以憤怒、憎恨來支配布魯圖來進行殺戮，還計劃毀滅色雷斯國。

6. 憤怒的破壞力

眾所皆知，很多宗教及傳統思想不斷提醒世人憤怒的危險性，免得像阿布拉般作出損人不利己的摧毀性行為，但所羅門認為憤怒亦未必永遠是負面的。他反對把憤怒、恐懼、悲傷等簡單地視為負面的情緒，在很多不同的宗教及傳統文化中，例如耶教及古希臘的斯多葛學派等都貶斥這類情緒，它們希望通過修煉以尋求內心的平靜為人生的終極目標。古羅馬斯多葛派哲學家塞涅卡在《論憤怒》中開首便說：「……這個一切情感中最可怕和發狂的情感。因為在其他情感中還有一些平和與冷靜的因素，而憤怒這個情感則完全是猛烈的，是一種內心怨恨的強烈衝擊；發怒時伴隨着對武器、血腥和懲罰的毫無人性的渴求，只要能傷害他人就完全不考慮自身，迎着刀尖徑直猛撲過去，一門心思想復仇，即使同歸於盡也在所不惜。因而某些賢哲曾宣稱，憤怒是『一時的發瘋』。」[21] 阿布拉的憤恨支配布魯圖時那些摧毀性的復仇行為，便體現着這種瘋狂。同樣地，基

斯克的憤怒凌駕了機械人守則，把阿道夫的哥哥殺了。憤怒很多時也令我們「火遮眼」或「感情用事」，剝奪我們的自主，嚴重地影響判斷，導致我們作出很多不能逆轉的行為。所以它是我們的頭號敵人。

若從生物生理學的觀點出發，怒火一旦燃點起來，就如開了開關一樣，似乎便沒有回頭的餘地。一般哺乳類動物若受到襲擊時會產生恐懼，它們會受到原始生物生理機制的驅使，作出反擊、逃生或呆若木雞。而動物跟人類一樣擁有情緒，能意識一己之感受。所羅門把情緒視為一種「策略」，意味着情緒某程度地是可以控制的，所以人有別於動物。人類在情緒經驗中能反思自己的情緒，亦能作出調節，並選擇於往後如何作出對應，從而塑造自己的人格。這亦是所羅門一再強調應為自己的情緒負上責任的理由。而這亦是阿童木跟阿布拉的憤怒之間那微妙的分別。

以所羅門的説法，阿布拉容許憤怒凌駕自己，讓憤怒、憎恨及復仇的目標與對象無限地擴大，直至要毀滅人類及世界的地步。當阿童木嚴重損壞後，天馬博士重施故技，把基斯克的記憶注入阿童木中，我們可猜想得到阿童木同樣也是受到負面情緒的刺激而甦醒。天馬博士前往人工智能處分營中見機械人罪犯布洛 1589 時被他諷刺，他問天馬博士是否給阿童木注入了憎恨的負面情緒令他甦醒，天馬博士默不作聲。而另一方面，小蘭向茶水博士説，阿童木甦醒的瞬間感到「世界上有兩股很大的悲傷爆炸……」。[22] 這亦意味着令阿童木甦醒的，很可能是基於悲憤此複合的情緒。

7. 阿童木的憤怒與「策略」

阿童木甦醒後的第一件事，便是把反質子炸彈的公式默寫出來，隨即衝破東京市科學省地底深層區的安全管理系統。與此同時，色雷斯合眾國的電腦主機洛茲貝爾博士亦感應到阿童木的憎恨及憤怒，此舉一度令天馬博士等人擔心及懼怕阿童木往後的行動。衝出科學省後，阿童木在街上遊盪，看到自己在玻璃門上的倒影時他說：「最好⋯⋯不要激怒我。」[23] 但當看到地上的蝸牛時，他並沒有任由憤怒沖昏自己而遷怒於其他事物。一如以往的阿童木，他把蝸牛放回草叢中，御茶水博士這時剛好趕至，看到此幕後如釋重負，跪在地上與阿童木相擁而泣。但阿童木的憤怒並沒遏止，他亦沒有像阿布拉般任其主宰，反而認清對象及目標，以憤怒的力量對準他們，作出反擊。所羅門提到，憤怒本身並非任何時候都是負面的，而且認為有些時候是應該感到憤怒，更加是一個正確的反應；反之，對不公或無理的侵犯無動於衷是不負責任的。關鍵在於受害者有沒有弄清對象、在不適當的時候不適度地發怒，而阿布拉的憤怒明顯地是一種失衡的表現。

回復常態的阿童木分別探訪了布洛 1589 及基斯克的妻子海倫娜，之後他向眾人解釋清楚基斯克的調查結果之後，各人才知道阿布拉、高志、布魯圖及波拉之所以出現的來龍去脈。說明清楚以後，阿童木前往伊甸國立公園，嘗試拆解波拉反質子彈。途中他碰上了布魯圖，進行了一場惡鬥。阿童木一度處於下風，他掙脫布魯圖的攻擊時說：「雖然你是憎恨的化身，但我的憎恨比你更加強烈。」[24] 此時阿童木的內心充斥着怒火，腦海中浮現了

被布魯圖殺害的同伴，憑着憤怒的爆發力把形勢扭轉。但就在他施予最猛烈一擊時，基斯克死前一刻的回憶重現於阿童木的腦海中，基斯克説：「憎恨不會帶來任何東西。」[25] 阿童木的攻擊因此而改變了航道。而漫畫中緊接下來的章節，交代了基斯克如何從廢鐵區中收養機械人兒子的過程，他與海倫娜一起照顧及教導這孩子，從中學習了人倫間的愛，使之有「活着」的感受。[26] 漫畫中的這個鋪陳就如其他傳統思想及宗教信仰一般，明示了憤怒並非解決事情的最終方案，憤怒的行為會挑起無止境的互相憤恨及報復。阿童木在故事中被塑造成同理心及愛的化身，布魯圖受到阿童木憤怒的重擊後，又因他不下殺手，受其感染而醒覺變回撒哈特，之後更犧牲自己的性命來阻止波拉爆炸，拯救地球，從而獲得救贖。

所羅門雖然反對把憤怒視為負面的情緒，但他似乎亦不會反對「憤怒不是解決問題的最好方案」這點，他認為憤怒在適當時候有其正面「策略性」的作用，例如阿童木以更強烈的憤怒來對付被憤怒支配的布魯圖，其怒火中有其理路，發怒有其可理解的原因，所以憤怒不止是一股爆發性的衝動。所羅門背後的思想其實是想指出，就算如憤怒此種被認為是基本及負面的情緒，當中亦蘊含着豐富複雜的內容，可分辨出不同層次，例如粗鄙與高雅、適宜與過度，他甚至認為有些憤怒反映了充滿智慧的洞見及高貴優雅的情操。他以畢加索的《格爾尼卡》（*Guernica*）為例，油畫表達了畢加索對納粹軍轟炸格爾尼卡的憤怒，畢加索透過藝術作品的創作發洩心中對其暴行的怒火，是一種情操高尚精緻的憤怒反應。

阿童木與阿布拉同樣地展現了憤怒爆炸性的一面，還有其

深思熟慮的反擊或復仇計劃，透過憤怒得到力量佔回主導地位。憤怒使他們甦醒，驅使他們對侵犯者作出反擊，但阿童木並沒有走上阿布拉那條失控的道路。雖然他的憤怒不能與畢加索的旨趣相提並論，但他能弄清憤怒的原因，分辨其對象，作出針對性的反攻計劃，是一種適宜的憤怒表現。在《Pluto》的故事中，最後布洛 1589 接受阿童木探訪時的要求，逃獄後找到色雷斯合眾國的總統及洛茲貝爾博士，毀滅了始作俑者洛茲貝爾博士，成就了阿童木的反擊策略。

8. 理性中的情緒 · 情緒中的理性

　　大腦神經科學家達瑪吉奧及哲學家所羅門分別指出情緒與理性互不衝突，並非一種互不兼容的關係。達瑪吉奧憑科研實驗的協助，考察到情緒在理性決策中的重要角色。他找到人類情緒及理性運作的大腦神經基礎，發展了「軀體標記假說」；所羅門則以哲學的方法，從事情緒經驗如何嵌入生活中的探討。他視情緒為一種判斷，提出了情緒有其策略性價值，強調情緒中理性思想的構成元素。所以他認為情緒並非一種生物的盲目衝動，人可從中了解我們如何以情緒尋覓人生的意義。而浦沢直樹的筆跡就如所羅門說的情緒一樣，為經典的《小飛俠》塗抹了一層探討情緒的色彩，令其故事的層次更為深刻。

哲學教室

・情緒研究・

很多不同的學科也以情感或情緒作為研究對象，例如心理學、大腦神經科學、人類學、經濟學、演化生物學、社會學及哲學等，所以它是一門跨學科的研究。而在哲學中，研究情緒的範疇一般稱為情緒哲學（Philosophy of Emotion）。情緒哲學的討論包括「什麼是情緒？」、「情緒與理性的關係」、「情緒與道德」及「情緒與自我認識」等題目。研究情緒範圍之廣泛，某程度反映了它的複雜性，因此要得出一個獨立整全的理論並不容易。

受到上述學科的研究成果影響，情緒哲學在討論什麼是情緒時，亦無可避免地須要參考有關理論。環顧過去的哲學研究，以情緒為主的專論是相對罕有的。直到二十世紀中，英國哲學家艾羅爾・貝德福德（Errol Bedford）及安東尼・肯尼（Anthony Kenny）重新喚醒了哲學界對情緒研究的興趣。很多對情緒哲學的介紹都會以威廉・詹姆士（William James，1842－1910）及卡爾・蘭格（Carl Georg Lange，1834－1900）的感受理論（James-Lange Theory of Emotion）為起點。其理論主張有悖於我們的經驗，例如威廉・詹姆士認為人傷心是因為哭泣，恐懼是因為我們顫抖，而非因某事傷心而哭，或因恐懼某東西而顫抖。所以情緒是我們所感知到的身體或生理反應。

此理論衍生出很多不同的爭論，其中一個反駁是，並非每一種情緒都對應於一個或一組的身體及生理反應。而無可否認，很多情緒都是有關於某些對象的，所以情緒是意指某些事物。例如，我們會因犯了某些事而感到羞恥，這個行為便是羞恥這情緒所意指的對象。感受論者所忽視的另一點是，情緒含有價值判斷的功能。有些心理學者從演化論的角度來研究情緒，認為情緒就如評鑑，評斷某些事件對自身為有益或有害。很多當代哲學家的立場亦相近於這些心理學家的觀點，但他們更強調情緒評鑑中認知的元素，因而發展出情緒的認知理論（cognitivist theory of emotion）。

如前所述，情緒意指某些事物，認知論認為情緒是對一組命題的態度。例如我的憤怒是我有一個「我受侵犯了」的信念。如果我沒有此信念，

就算我的身體、行為或生理上反映了各種憤怒的反應，也不構成真正的憤怒。另外，有些哲學家認為這種信念並非必要，認知的範圍亦不止信念，繼而發展了很多不同的理論。在此只能簡短梗概地勾勒情感研究的背景脈絡，當中有不少省略之處。如對此論題感興趣，詳細可參閱線上哲學百科全書「Stanford Encyclopedia of Philosophy」中「Emotion」此條目。

・羅拔・C・所羅門的理論・

羅拔・C・所羅門（Robert C. Solomon，1942－2007），美國哲學家。專長是研究十九世紀德國哲學及二十世紀歐陸哲學，尤其沙特的哲學及現象學。他是其中一位在情緒哲學的討論中提倡以認知理論（cognitivist theory of emotion）來解釋情緒為何的先鋒。他在 1977 年的文章 "The Logic of Emotion" 中指出情緒並非一些盲目無因的力量，亦不單是一些純粹受外在環境刺激的生理反應。所羅門認為情緒是可以被理解的東西，是評鑑事物的指標，所以他提出了情緒是一種判斷力的表現（emotion as judgment）此說法。

1　〔日〕手塚治虫：《小飛俠：地上最大機器人篇》。香港：萬里機構·萬里書店，2009 年。

2　〔日〕浦沢直樹、手塚治虫著，葉盈盈譯：《Pluto》。香港：文化傳信，2006－2009 年。

3　Anotonio R. Damasio, *Descartes' Error: Emotion, Reason and the Human Brain* (London: Vintage Books, 2006).

4　《Pluto》，5 卷，頁 163。

5　Anotonio R. Damasio, *Descartes' Error: Emotion, Reason and the Human Brain*, pp. 171–172.

6　「機械人學三法則」：一、機器人不得傷害人類，或袖手旁觀坐視人類受到傷害。二、除非違背第一法則，機器人必須服從人類的命令。三、在不違背第一及第二法則的情況下，機器人必須保護自己。（翻譯來自：〔美〕艾西莫夫著，葉李華譯：《我，機器人》。台北：貓頭鷹出版社科幻推進實驗室，2006 年。原文如下：The Three Laws of Robotics: (1) A robot may not injure a human being or, through inaction, allow a human being to come to harm. (2) A robot must obey the orders given it by human beings except where such orders would conflict with the First Law. (3) A robot must protect its own existence as long as such protection does not conflict with the First and Second Laws.

7　Anotonio R. Damasio, *Descartes' Error: Emotion, Reason and the Human Brain*, pp. 173–174.

8　同上，頁 196。

9　William James, "What is an Emotion?", *Mind*, Vol. 9, No. 34 (1884), p. 193.

10　《Pluto》，4 卷，頁 181。

11　Paul Ekman and Wallace V. Friesen, "Constants Across Cultures in The Face and Emotion", *Journal of Personality and Social Psychology*, Vol. 17, No. 2 (1971), pp. 124–129.

12　同上。

13　Robert C. Solomon, *True to Our Feelings: What Our Emotions are Really Telling Us* (New York: Oxford University Press, 2007).

14　Robert C. Solomon, "Anger as a Way of Engaging the World", *True to Our Feelings: What Our Emotions are Really Telling Us*, pp. 13–28.

15 《*Pluto*》，1 卷，頁 43、49－50、52、182；2 卷，頁
131－134、185－186；4 卷，頁 98、103－107。

16 同上，8 卷，頁 171－188、229－230。

17 同上，5 卷，頁 3－5。

18 Robert C. Solomon, "Emotion as Evaluative Judgements", *True to Our Feelings: What Our Emotions are really telling us*, pp. 203–217.

19 *Macbeth* Act 5 Scene 1

20 Jean-Paul Sartre, *Sketch for a Theory of the Emotions* (London and New York: Routledge, 2004), pp. 39–40.

21 〔古羅馬〕塞涅卡（Seneca）著，包利民等譯：《強者的溫柔：塞涅卡倫理文選》。北京：中國社會科學出版社，2005 年，頁 3。

22 《*Pluto*》，8 卷，頁 17。

23 同上，頁 41。

24 同上，頁 145。

25 同上，頁 163－165。

26 同上，頁 229－230。

- 〔日〕　木城幸人：《銃夢》。香港：天下出版有限公司，1994 年。
- 〔日〕　手塚治虫：《小飛俠：地上最大機器人篇（全）》。香港：萬里機構．萬里書店，2009 年。
- 〔日〕　浦沢直樹、手塚治虫著，葉盈盈譯：《Pluto》。香港：文化傳信，2006－2009 年。
- Anotonio R. Damasio, *Descartes' Error: Emotion, Reason and the Human Brain* (London: Vintage Books, 2006).
- Dylan Evans, *Emotion: A Very Short Introduction* (Oxford: Oxford University Press, 2003).
- Frazzetto Giovanni, *How We Feel: What Neuroscience Can and Can't Tell Us About Our Emotions* (London: Doubleday, 2013).
- Jean-Paul Sartre, *Sketch for a Theory of the Emotions* (London and New York: Routledge, 2004).
- Jenefer Robinson, *Deeper than Reason: Emotion and Its Role in Literature, Music and Art* (Oxford: Clarendon, 2005).
- Jesse Prinz, *Gut Reactions: A Perceptual Theory of Emotion* (New York: Oxford University Press, 2004).
- Joseph Ledoux, *The Emotional Brain: The Mysterious Underpinnings of Emotional Life* (New York: Simon & Schuster, 1996).
- Robert C. Solomon, *True to Our Feelings: What Our Emotions are Really Telling Us* (New York: Oxford University Press, 2007).

参考資料

《Pluto》：阿童木的理性與感情

第三部分

生命價值與倫理學

不死是一件好事嗎？

從《無限之住人》看長生不老

——陳學嵐

生與死，是人類從古到今都不停探討的課題之一，與死亡相關的各種課題的研究，從不間斷。因為人會死亡，令人對自身誕生及存在的意義感到困惑，所以激起嚴肅的反省。

普遍來說，人對死亡都抱有負面印象。親友離世後，我們會感到餘生也不能與之相聚，[1] 死後的重逢更說不準。眼見亡者生前所擁有的都帶不走，所以更容易認為死亡剝奪了人的所有，進而認定死亡的壞處。

假如人能不死亡，我們就不會失去所擁有的東西，以及遭受與至愛至親骨肉分離之苦。那麼，不死對人而言豈不是一件天大好事？古往今來，多少帝皇希望長生不

死，以永享自己的功績霸業；多少宗教聲稱信者得永生，招徠希望永保生命的信徒。可是，不死對人是否一件好事，卻鮮見認真、嚴肅的討論與反省。

日本漫畫《無限之住人》涉及長生不死的情節，當中主角的經歷能刺激讀者對不死是否美好進行一些哲學性的反思。

1.《無限之住人》裏的不死身

《無限之住人》以江戶時代為背景。故事圍繞擁有不死身的男主角萬次，敘述他成為女主角淺野凜的護衛，如何協助她向滅門仇人復仇的經歷。[2]萬次原本是一個普通捕快，一直聽命於上司，其間殺了不少人。後來他發現，自己所殺的人中，有不堪苛稅而向其上司申訴的農民。他上司只為中飽私囊才私自加稅。萬次於是斬殺了自己的上司，並成為逃犯。逃亡過程中殺了一百人。在一次與追捕自己的捕快交手時，錯手殺了自己親妹的未婚夫，他的妹妹大受刺激，自此精神失常。[3]隨後萬次遇到了八百比丘尼 ——一個同樣擁有不死身，自稱生存了八百年的老婦。她給予萬次不死之身。萬次立誓用自己的下半生，殺一千個惡人來贖罪。而八百比丘尼也答應他，當萬次履行誓約後，「不死之身」就會消失。

嚴格來說，漫畫所說的不死身，其實並非真的不會死亡。雖然萬次在得到不死之身後，擁有驚人的復原能力，不論受到各式各樣的傷害，身體都會回復到獲得不死之身那一刻的狀態；[4]而在沒有受傷的情況下，不論時間怎樣流逝，萬次及其他在漫畫中擁有不死身的人亦會繼續保持一樣的狀態，[5]但漫畫中

提及一種毒藥，可以透過破壞不死身者的復原能力，從而令他們受傷，甚至死亡。[6] 另外，將擁有不死身者的重要器官，例如頭，與身體分開一段時間，就可以殺死擁有不死之身的人。[7]

究竟擁有不死生命，是否一件值得令人高興的事？在《無限之住人》這個漫畫故事內，似乎擁有不死身，並不是一件好事。考慮以下情節：

1）將淺野凜一家滅門的劍士集團逸刀流，其中有位主要成員閑馬永空，與萬次一樣擁有不死之身。他出生於戰國時代，生存了超過二百年了。他自稱結婚五次，相交的好友知己不計其數，但已全部死去。他認為與死亡相比，死不了是「一件更加悲慘的事」。最後與萬次決鬥，在萬次使出殺着時，閑馬永空卻刻意不閃不避，讓萬次將自己斬開，說自己不想再像蟲一般生存，因他已經累了；[8]

2）當閑馬永空捉走並禁錮淺野凜時，曾誘惑淺野凜吸他的血，好讓她獲得不死身，助她報仇。淺野凜對於是否獲得不死身，表現非常掙扎和害怕。事後她表示，雖然知道擁有不死身有助報仇，但當時不知道為了什麼而感到害怕，無法想像亦不知永遠都要生存下去是一種怎樣的事情；[9]

3）萬次被幕府捉走，以進行人體實驗並解開不死身之謎時，萬次對負責研究的醫生綾目步蘭人說：當他可以令普通人擁有不死之身時，就應第一時間令自己也變成不死身。因為得到不死身的人最初可能會感謝他，但數年之後一定會殺死令自己得到不死身的人；[10]

4）與萬次交手多次的殺手尸良，因人體實驗而獲得不死身。最終被萬次擊敗，在雪地等待死亡時，他表示就算自己仍

然不死，他也會很快厭倦不死的生活。[11]

為何在漫畫中擁有不死身的人物，對不死的生命都有猶豫、抗拒或厭惡的反應？英國道德哲學家班立德·威廉斯（Bernard Williams）[12]對不死的討論，有助我們理解這些對不死生命表現出的負面反應。

2. 不死是一件壞事

假如我們與《無限之住人》內那些擁有不死身的人一樣，身體以至心理都永遠保持在得到不死生命那一刻的狀態，威廉斯認為我們最終只會感到非常無聊乏味。因為在這種狀態下，人只能不斷重複經歷身處該特定年齡所能經歷而又是他可理解的（make sense）事情，直到永遠。[13]假如一個五歲小孩得到這種永生，他只能以一個五歲小孩的身體來生活，永遠長不大。縱使時代不停轉變，他也無法擁有一個成人身體，來經歷成年人所遇到的事情（例如結婚及養兒育女）。或者隨着時代與環境改變，可能會令他某些生活方式改變（例如玩的遊戲由跳繩改為電腦，以至手機遊戲），但因為身體與心理上的條件被「鎖定」，性格幾乎不可能有所改變。性格不變，令他只能經歷一個五歲小孩能夠經歷的事情。任憑時代與環境如何改變，也不會改變他所能經歷的事情。本來只要一死，就能擺脫這種「永劫回歸」的困局，[14]但他偏偏不會死。所以不死的生命，只會沉悶無聊，毫無意義。簡單來說，就是生不如死。

這種對不死人的生存狀況的描述，的確與《無限之住人》

內一眾擁有不死身的角色境況相近。如此確能說明為何這群不死人（萬次、閑馬永空、尸良）或多或少都對不死生命流露出各樣負面反應，同時也解釋了淺野凜為何在有機會獲得不死身的時候，會掙扎和害怕。雖然她表示不知道為了什麼而感到害怕，亦不知道永遠生存下去是怎樣的一回事，但她與擁有不死身的萬次共同生活，也看過很多次萬次在厮殺中如何不死，所以她不會完全不知道自己和萬次一樣擁有不死身後，會變成什麼樣子。但未曾真正擁有不死生命，的確無法完全了解擁有不死身對自己的影響有多大，生活變得有多沉重。這就是她說「不知道永遠生存下去是怎樣的一回事」，及「為了什麼而感到害怕」的意思。而一想到擁有不死身，可能有助她復仇，自然令她想得到不死身。但同時她知道擁有不死身後，將會過着與萬次一樣的生活，這又會令她對擁有不死身有保留。於是淺野凜對於是否應該獲得不死身，表現掙扎。

但是否所有人都對擁有不死生命卻步？如果有人對任何事都冷淡、冷漠、抽離，不感興趣，那麼就算不停經歷重複的事情，對他的影響也不大。擁有這種性格的人，可能適合擁有不死身，因為就算他不死，也不會因生活無聊乏味而感到痛苦及無意義。威廉斯對這個「反例」提出一個很簡單的回應。他認為，既然對一切都不感興趣，擁有這種性格的人根本就不會有任何動力去令自己的生命不朽。就算真的有一個如此冷酷的人，堅決讓自己不死，也不會改變不死的生命會為人帶來沉悶、無聊與毫無意義的結果。[15]

但是，擁有這種狀態的不死生命，是否真的會如威廉斯所言，只有沉悶無聊？難道我們不可以在這種狀況下，訂立新的

人生目標，令不死的生命仍然有意義嗎？要回應這個疑問，就要先釐清欲望與生死的關係。

3. 欲望與生死的關係

讓我們再思考為何死亡對人是一件壞事。前文已提及過，普遍認為死亡令人失去擁有的一切，所以死亡是不好的。不過，不是所有人都認為死亡是一件壞事。例如中國道家思想就認為，人的死亡只是依從天道的變化現象，如日出日落般自然。因此，死亡沒有什麼值得人高興或傷悲的地方。[16] 另外，古希臘的伊壁鳩魯學派認為人死就不再存在，不再有感覺，也無快樂和痛苦。人懼怕的是痛苦。但既然人死後不可能感到痛苦，亦不可能親身感受死亡，所以人無須畏懼死亡。[17]

這是否意味着，如果「人死如燈滅」，那麼死亡於人而言便不是壞事？

假如「人死如燈滅」，雖然我們感受不到任何痛苦，但同時亦失去感受快樂的機會。從獲得快樂這方面看，生存是好事。更進一步，如果生存是好事，一個人生存愈久，就能夠滿足愈多欲望，獲得愈多好東西，也有更長時間享受這些因生存而得的好處。而死亡卻妨礙我們的欲望得到滿足，令我們失去獲得快樂的機會，所以死亡對人而言是壞事。[18]

事實上，人類有很多欲望都要在仍然生存的時候才有機會得到滿足。不過，並不是所有欲望，都會被死亡妨礙而無法被滿足。如果一個人欲求死亡，死亡倒是滿足這個欲望的充分條

件。有些人有求死的欲望，不難理解。例如當繼續生存只會受盡各種苦痛折磨，以死求解脫並不是什麼奇怪念頭。

不論是求死的欲望，還是人的其他欲望，大致可分為兩類：

甲）因應人的生物結構、生理及生存需要而產生的欲望。例如因肚餓而欲求食物。

乙）與生存或生理需要完全無關，純粹因人追求某些目的而產生的欲望。

項目（乙）的欲望，相信大家不難把握。例如依帆以成為演員為一個重要的人生目標。她很自然地產生了成為演員的欲望。為了能夠成為一個演員，她離鄉別井，獨個兒到大城市上課受訓，一邊尋找演出機會，一邊做着各種各樣的兼職為生。為了提升自己的知名度，以獲得更多演出機會，依帆還會拍性感寫真照片。電影、電視、舞台劇的女角試鏡，依帆都會參與。儘管從未成功，試鏡失敗也不好受，但她從未放棄成為演員……等等。很明顯，依帆這個成為演員的欲望，與她以成為演員作為人生目標是緊扣在一起的。依帆的生命是否豐盛（Flourishing），取決於她成為演員的人生目標能否實現，或者實現到什麼程度。換句話說，即她成為演員的欲望是否得到滿足，又或者得到什麼程度的滿足。這類與人生計劃緊扣的欲望，威廉斯稱之為定然欲望（categorical desire）。[19]

定然欲望的特性，容易使人傾向追求不朽。首先依帆能否成為一個演員，取決於一個重要條件，就是她有沒有足夠長的壽命。如果依帆不幸跟查理[20]一樣，自出生起最多只能存活一年，她連透過成為童星而得到演出的機會也等不到。這意味依帆成為演員的定然欲望不會得到滿足。因此，依帆理應追求更

長，甚至永遠的生命。再者，依帆也會希望能享受成為演員並參與各式表演的快樂。考慮到生命終結就會失去這快樂，故此順理成章依帆會追求不死。

威廉斯認為，定然欲望能驅使人追求不朽的生命。但永生不死卻是壞事。何解？首先，威廉斯指出，如果有人為了定然欲望而追求生命不朽，則不死生命的具體內容中，必須滿足以下兩個條件，才能與人的定然欲望有關：[21]

1）最後得到不死的那個人，與原先因擁有某個定然欲望而追求不朽生命的，必須是同一個人；

2）此人繼續生存的狀況，須與當初希望達成的目的有密切關係（adequately related）。

條件（1）不難理解。依帆追求不朽，是為了她自己能成為演員。如果在得到永生後的依帆變成另一個人，又或者變成不死的她，不再追求成為演員，依帆的不死就變得沒有意義了。至於怎樣界定「我」之為「我」，這是哲學上「人身同一性」（Personal Identity）的問題。在這裏，暫且依據威廉斯討論不朽時所用的講法，以一個人的性格、身體與心理（例如記憶、意識等）上的連續作判準。[22]

至於條件（2），乍看很複雜，其實可以換一個比較簡單的方式表述：依帆在變成不死後，她仍有希望在「成為演員」這個自己所擁有的欲望中得到滿足；又或者依帆在擁有永生後，仍然能產生出屬於「她」的欲望，例如挑戰未曾扮演的角色、取得最佳女演員獎……等等，並且這些欲望有可能得到滿足。

既然定然欲望得到滿足是一種美好的東西，那麼生命愈長，能夠得到滿足的定然欲望理應愈多，或者某些現在未能獲

得滿足的定然欲望，在將來得到滿足的機會愈大。這樣來説，不死應是美好的事情。但從上面引用自威廉斯的論證來看，不死的生命將會毫無意義，難以令人接受。就算追求不死是為了滿足定然欲望，但假如身心都永遠保持在得到不死那一刻的狀態，人只能不斷重複經歷身處某個特定年齡能夠經歷的事情；加上不變的性格，人對事物的喜惡都固定下來，幾乎不可能有新的定然欲望產生。時間久了，當所有現有的定然欲望都被滿足，擁有不死生命的人，因為重複的經歷，生活就會愈來愈乏味，他感興趣、令他愉快的事情也會愈來愈少，甚至完全消失。在這種狀況下，條件（2）無法被滿足。因為，不論當初為了滿足什麼定然欲望而要得到不朽，最終都肯定無法得到滿足，因為已經沒有定然欲望能被產生了。[23] 另一方面，如果要滿足條件（2），其中一個方法是改變人的性格或身心狀態，令他能擁有不同的喜好、興趣，以及能經歷一些新的事情。但這樣就會損害那位不會死亡的人的人身同一性，變相令條件（1）無法被滿足。因此，人在不死生命中，注定要在沉悶、無聊與毫無意義中度過。而死亡將會變成一種解脫，某程度上也是生命意義的來源。[24]

4. 沒有絕對的結論

援引威廉斯的觀點，可以讓我們更理解為何擁有不死身並不是一件好事。擁有不死身的人，只能生存在一種狀況：不斷重複的經歷、重複到令人感到沉悶、無聊與毫無意義。在《無

限之住人》這個漫畫故事中，大部分擁有不死身的人物，每當談及不死時，都流露出一種厭惡的態度。可能他們都經歷了不死生命的重複、沉悶與無意義，對永生不死為人帶來的痛苦，有切身的了解。但故事中擁有不死身的人物，都知道用什麼方法可以了結自己的生命，卻沒有一個人自殺，結束自己沉悶而無聊的生命。反而在每次決鬥時，都全力以赴；在每個生死關頭，都盡全力保住自己的性命。雖然，死亡對人而言是一件壞事，但這些擁有不死身的人，為何不以一死求解脫，而是仍然生存下去？另一方面，漫畫中生存最久的不死人 —— 八百比丘尼，從沒有抱怨自己擁有不死身。[25] 這樣是否意味着，擁有不死生命，未必如威廉斯所言，是一件壞事？

事實上，自威廉斯之後，哲學家開始了對不朽的討論。有不少哲學家不認同威廉斯的論證，與威廉斯的立場相反。這些討論和論爭中，涉及了欲望、自我、人身同一性等概念與哲學理論的深入分析，難以在這裏仔細討論了。但這至少顯示了，人類能夠永生不死，一方面並不如我們普遍所想像般美好。但另一方面，亦未必如威廉斯所論證的那麼差劣。哲學的工作，就是要大家對習以為常的想法與觀念作出反思。假如讀者看完這篇文章後，不知道永生不死對人而言是好還是壞，並想進一步了解這個課題，那麼，這篇文章就發揮它的功效了。

～～～ 哲學教室 ～～～

・伊壁鳩魯學派・

古希臘的伊壁鳩魯學派對死亡的想法，是建基於他們的宇宙觀。他們認為世上萬物，包括人在內，都是由各種原子組成。組成事物的原子若解散，事物亦不再存在。對於人，當組成人的原子仍然結合在一起，人不但存在，而且各種人的功能（如感受苦樂）運作如常。但人一死，即是組成人的原子瓦散，人不但消失，而且亦沒有各種人的功能，故此無可能感受到任何苦樂。

・人身同一性・

哲學中的「人身同一性」（Personal Identity）問題，簡單地說，就是探討當一個人（假設叫 A 君）經過一段時間後，有什麼因素或條件，能夠令我們指認出那個人跟當初的 A 君是同一個人。

有哲學家主張一個人連續不斷的記憶，是構成人身同一性的條件；亦有哲學家主張連續存在的肉體，才是構成人身同一性的要素；更有哲學家認為人身同一性並不存在。

1　相傳民間有「問米」、「報夢」等方式讓生者與死者對談。不論這些方式是否真的有效，就算真的可讓死者來到生者面前，但相聚的方式也跟兩者均在生時一樣。

2　〔日〕沙村廣明著，張成森譯：《無限之住人》。香港：天下出版有限公司，2006－2013 年。以下文中提及的漫畫章節，皆按照天下出版有限公司出版的香港中文版單行本爲準。

3　《無限之住人》，1 卷，頁 14－23。

4　在漫畫中，萬次得到不死之身時，右眼已經失明，鼻樑上有刀疤。之後萬次不論受到各式各樣的傷害，復原後，這些身體特徵也沒有消失。見《無限之住人》，20 卷，頁 20－21。

5　在漫畫完結時，萬次與八百比丘尼兩人由江戶時代去到明治維新（漫畫指九十年後），兩人的外貌與形態，仍然與當初獲得不死身時一樣。見《無限之住人》，30 卷，頁 260－261。

6　這種毒藥叫「血仙殺」。見《無限之住人》，2 卷，頁 62－63。

7　萬次曾經用這個方法將另一些同樣擁有不死身的對手殺死。見《無限之住人》，2 卷，頁 109－116。

8　《無限之住人》，2 卷，頁 34－35、107－116。

9　同上，頁 76－77、117－120。

10　《無限之住人》，16 卷，頁 41。

11　《無限之住人》，30 卷，頁 163。

12　下文一律簡稱爲威廉斯。

13　Williams, Bernard, "The Makropulos Case: Reflections on the Tedium of Immortaily", *Problem of the Self: Philosophical Papers 1956–1972* (Cambridge: Cambridge University Press, 1973), p. 90。

14　在這裏，「永劫回歸」是借用尼采的意思，即是所有發生的事情（包括一個人所經歷到的各種事情），都會不停地重複出現，永不停止。可參考《愉快的科學》第 341 節；《查拉圖斯特拉如是說》第 3 章；《權力意志》第 1066 節。

15　Williams, Bernard, "The Makropulos Case: Reflections on the Tedium of Immortaily", *Problem of the Self: Philosophical Papers 1956-1972*, p. 91.

注釋

不死是一件好事嗎？——從《無限之住人》看長生不老

16 《莊子》〈至樂〉篇中，莊子喪妻後踞鼓盆而歌一段，是其中一個體現道家這種生死觀的例子。詳見：陳鼓應注譯：《莊子今註今譯》。香港：中華書局，1990 年。

17 Titus Lucretius Carus, *Lucretius On the Nature of Things*, trans. Bailey, Cyril (London : Oxford University Press, 1910), pp. 135-137.

18 Williams, Bernard, "The Makropulos Case: Reflections on the Tedium of Immortaily", *Problem of the Self: Philosophical Papers 1956-1972*, p. 85.

19 同上，頁 86。

20 查理是生於英國的男嬰。因患有罕見遺傳病「粒線體 DNA 耗竭症候群」，最多只有一年壽命。查理最終於 11 個月大時，被拔除維生儀器而死。

21 Williams, Bernard, "The Makropulos Case: Reflections on the Tedium of Immortaily", *Problem of the Self: Philosophical Papers 1956-1972*, p.91.

22 同上，頁 90 及 92。

23 同上，頁 92。

24 不過，威廉斯同時認為死亡並非不可怕，對人類而言，同時認為死亡為邪惡是合理的。同上，頁 82、89。

25 八百比丘尼只曾在故事的開始及結尾部分出現。

- 〔日〕 沙村廣明著，張成淼譯：《無限之住人》。香港：天下出版有限公司，2006－2013 年。

- 陳鼓應注譯：《莊子今註今譯》。香港：中華書局，1990 年。

- Titus Lucretius Carus, *Lucretius On the Nature of Things*, trans. Bailey, Cyril (London : Oxford University Press, 1910), pp. 135-137.

- Williams, Bernard, "The Makropulos Case: Reflections on the Tedium of Immortaily", *Problem of the Self: Philosophical Papers 1956–1972* (Cambridge: Cambridge University Press, 1973), pp. 81–100.

参考資料

不死是一件好事嗎？──從《無限之住人》看長生不老

犧牲人類實現目的不行嗎？

「國土鍊成陣計劃」的道德思考：

——蔡子俊

《鋼之鍊金術師》[1]講述主角愛德華・艾力克和弟弟艾爾馮斯・艾力克二人因觸犯了鍊金術中的人體鍊成禁忌，在失去軀體後踏上旅程，尋求回復原狀的方法。當兄弟二人逐步揭開鍊金術的神秘面紗，慢慢地也發現了人造人及「父親大人」（或稱「燒瓶中的小人」）的陰謀，同時在過程中結識了不同的政治勢力及志同道合的朋友，並合作試圖力挽狂瀾，阻止「父親大人」的詭計。

在故事中有一點是相對地沒有爭議的：「父親大人」的計劃（或稱「國土鍊成陣計劃」）是邪惡的、不能接受的，對於阻止或反抗這個計劃的大方向是應當的或至少合理

的。而這裏要針對的不是「國土鍊成陣計劃『從國民的觀點看』是錯的」這一說法。因為它似乎是一種基於自利考慮而得出的結論，亦即「國土鍊成陣危及我的個人利益，因此國土鍊成陣是錯的」。[2] 可是，「此計劃是錯的」的意思並不止於此，而是即使在一個「更具規範意義的層面上」，即使國土鍊成陣沒有影響我的個人利益，國土鍊成陣也是不道德的。我希望從這個問題切入，叩問這個似乎不必多作辯護的信念，從而展現出這個信念背後可能的預設。

1.「國土鍊成陣計劃」錯在哪裏？

讓我們先對國土鍊成陣計劃作一基本的了解。簡而言之，「父親大人」計劃利用全體五千萬國民的性命去製造賢者之石，希望自己能夠憑藉這股巨大的力量而成為神，擁有所有關於真理的知識，變得真正的自由（不再受真理所束縛；自己掌握所有的律則）。[3] 值得留意的是，「父親大人」體內其實亦擁有賢者之石（只是其能量不足以使他成為神），同時他本身亦已擁有豐富的知識。他更將「七原罪」從自己身上切割開去，期望擺脫此七種欲望的障礙從而獲得「自由」。[4]

我們可以想像，反對國土鍊成陣計劃的原因之一是它會犧牲大量性命，這樣的計劃又怎能夠得到道德證成（morally justified）呢？面對這個質疑，我們可以先問一問：是否所有「犧牲性命」的行為都必然是不道德的？然而，很多人的道德直覺認為犧牲禽畜的生命來充飢是無傷大雅的，進行若干動物實

驗等都是道德上被允許的，那代表我們這些道德直覺錯了嗎？還是犧牲性命這一理由本身並不充分？

對於反對國土鍊成陣計劃的理據大概可歸結為以下兩點。第一，這個計劃犧牲的不止是動物的性命，而且是人類的性命。我們必須尊重人所擁有的獨特尊嚴，亦有不應把人性視作純粹的工具的道德義務，我們暫且稱之為「尊重他人原則」。[5,6] 國土鍊成陣計劃背後的理念正正就是把人類單純地當作提供能量的工具來看，此舉違反了尊重他人的道德義務。而根據尊重他人原則，即使國土鍊成陣所犧牲的不是五千萬人，而只是一人，它還是邪惡的、道德上不可取的。所以，犧牲人數的多寡並非最主要的道德考慮。[7] 第二，我們是為了人的存活而犧牲動物的。例如，為了攝取足夠的營養和保暖，我們需要動物的肉和脂肪作為糧食；為了研發新的醫療技術以拯救更多的人命，我們需要以動物作為實驗品。這些都是無可奈何的。至於透過虐待動物而得到滿足感的行徑則是不能接受的。因為目標可以分為必要和非必要的，人的需要（needs）和欲望（desires）在概念上可以分開。人的需要往往被理解為生存所必需的，但欲望則不是。在這個理解下，前者在很多時候都比後者更為重要，例如飲食、休息就比打電動更為重要。[8] 而且，不少報告已指出素食（特別是不同的豆類）也能夠為人類提供各種不同的營養，換言之，儘管素食者在攝取均衡營養方面比肉食者困難，但也是能夠做到的。更重要的是，我們似乎認為以方便人類攝取均勻營養之故犧牲動物性命並不是充分的道德理由。[9] 國土鍊成陣計劃的目的是為了滿足讓「父親大人」成為神的欲望，並不是什麼非做不可的目的。即使不發動國土鍊成陣，他也毫無疑問地能

好好活下去。但這個說法亦有例外的時候，例如人為了自由或愛情而捨棄生命等。在於父親大人而言，他想成為神的欲望似乎凌駕於需要。所以這個「需要－欲望」、「必要－非必要」的二分亦有其局限。

另外，在眾多欲望中，我們會相信某些欲望比其他欲望更具價值或更「高級」。例如為什麼對很多人來說，讀一本精彩的書、聽一場精彩的音樂會比觀看一場精彩的花繩表演更有價值？為什麼讀一本好書的欲望理應優先於看一場精彩的花繩表演的欲望？一個常見的解釋在於這些活動所需要運用到的能力愈「高級」，相應的欲望也就更為「高質」。閱讀帶來的愉悅是知性的，因此它比帶來感官享受的欲望更為高級。[10]「父親大人」希望透過發動國土鍊成陣以獲得所有知識，不再被任何原則規限，成為全知而且自由的存在，為什麼這個「高級的」欲望不足以證成其計劃？

要回應這個問題，我們就須要回到第一點「尊重他人原則」。這個原則其實是抽取了德國哲學家康德（Immanuel Kant）的「人性公式」（Formula of Humanity）中「不把人性視作純粹的工具」此部分，而公式中另一個重要部分為「把人性視作目的本身」。另外，康德亦有仔細劃分「目的自身」、「工具」及「純粹工具」在其理論中的意義，但由於其論證繁複，在此為了簡化討論，只挪用「不把人性視作純粹的工具」的意思來進行以下的討論。

我們的道德直覺也許容許我們為了存活的緣故犧牲禽畜的性命，但根據該原則，為了存活而吃人就難以得到我們的支持了。然而，我們還需要解釋為什麼人有其獨特的尊嚴和價值。

其中一個常見的進路，是訴諸於人的理性能力。我們會發明精巧的工具和儀器去改善生活、尋求物理和社會現象背後的原因，我們並非只能夠依從直覺而行，而是可以在行動前深思熟慮。[11] 然而，事實上動物有時也會展現這些特性，例如不少動物懂得磨爪去使自己的爪保持鋒利、懂得把石頭投進水瓶使自己能喝到水等等。[12] 以理性能力為人的尊嚴的基礎支持者卻可以說：動物也許的確有着若干的理性能力和傾向，但這些都是初步的、遠遠比不上人類的；僅當生物所擁有的理性能力越過了一定的門檻，那種生物才有着一種特別的、不能被侵犯的道德尊嚴。而只有人類才能越過這個門檻，因而尊重原則能夠應用到人類身上。因此，雖然我們在傷害動物時會有一定的道德限制（例如我們反對虐待動物；飼養用作人類食糧的禽畜時，不應讓牠們生活在一個極為惡劣的環境），但我們很少認為動物與人類一樣有着不可侵犯的道德尊嚴。

這個說法當然有不少科學上具爭議的地方：科學研究發現有些動物具有頗高的智商，部分甚至擁有自我意識，例如海豚、鯨魚等等。另一方面，有些人先天或後天地失去了其理性能力，但我們卻認為所有人類，不論事實上他的理性能力為何，他都擁有其他人類所擁有的道德尊嚴。後者的問題也許可以說：我們所關心的並非特殊的人而是人性本身。不同的、特殊的人彼此之間固然有着差異，其能力有着不同程度的發展，有些會比較強壯、有些會比較聰明，但這些差異並非其重點，重要的是人類總的而言，被理解為有着運用理性的潛力。[13]

假如上述的說法合理，那麼它就面臨更大的問題：人造人，特別是父親大人，在設定上是比人類更高等的生物，而人

造人之一的拉斯（又稱布拉德雷）也曾經說過：「我這具身體是遠遠超越人類的優良品種。就如你們以身為人類為自豪一般，我們也有作為人造人的尊嚴」。[14]

如果這個說法真的構成了威脅，反對國土鍊成陣的人還可以有三個回應。第一，人造人比人類優越的地方並非在理性能力，而在其他與道德不相干的能力上，例如「父親大人」任意鍊成的能力、恩比變身的能力等等。就如鳥類能夠飛行而人類缺乏飛行能力一樣，這也不能證成鳥類在道德層面上比人類高級，因為鳥類優勝於人之處是與道德無關的。第二，承認人造人的能力（例如「父親大人」的知識）的確比人類優越，但因為人類亦擁有一定的能力或潛能，而且是越過了門檻的程度，所以不論人造人比人類如何優勝，人類還是擁有其道德尊嚴，使得人造人不能單純視之為工具，亦因此不應啟動國土鍊成陣計劃去犧牲人命。世上有不少天才遠比我們聰明，但我們也不認為這些天才在道德尊嚴上比我們高一等。第三，轉而訴諸於其他能力作為道德尊嚴的基礎。例如是我們判別是非對錯的能力、對道德理由作出回應的能力（capable of responding to moral reasons）。我們很多人都會認為，動物是不會思考道德上對錯的問題的；它們大多依照本能行事。[15]

2. 譴責沒有道德感的人造人可以嗎？

依循第三點來看《鋼之鍊金術師》，故事中的人物一直體現着不同的道德意識。很多軍人深切地意識到伊修巴爾內戰是不

義的，所以阿姆斯特朗少將選擇離開戰場，不再屠殺伊修巴爾人，亦有不少國家鍊金術師在戰後放棄國家鍊金術師的身份。另外，瑪斯丹上校希望自己能夠成為總統，並令國家確切落實民主制，同時願意在實現轉型正義的過程中犧牲自己。而得悉國土鍊成陣計劃的人也沒有因此而逃離國境，反而選擇更危險，但成功的話就能夠保護全體國民的方法。新國人姚麟（及其下屬）和張梅也願意為對抗國土鍊成陣出一分力（而他們本可以從容離去）。[16] 相比之下，人造人似乎就欠缺道德感了。恩比就是當中最明顯的角色，他一直在嘲笑人類的軟弱和可笑，因為人類被若干道德包袱所限制。例如他威脅馬可醫生，說假如他逃走就會毀滅他之前隱居的村莊，但馬可醫生明知假如任由人造人繼續其計劃，整個國家，包括他所隱居的村落也會被毀滅。恩比並不把馬可醫生的掙扎和屈服視作高尚情操的表現，甚至嘲弄他說這明明是非常簡單的計算。[17] 而拉斯也不能體諒修茲中校的孩子在葬體上大聲哭泣的行為。「父親大人」甚至在人造人普萊德身受重傷的時候不屑一顧並離去。普萊德雖然說過「身為兒子，孝順父親大人不是理所當然的嗎」這一番話，但這表現的卻正正不是真正的道德感，而是單純被「服從父親」這一原則所束縛，自己並沒有對該原則作反思、沒有對父親大人的計劃作過道德判斷，只有盲目的服從。他表現的是愚忠，而非經過反思、具道德意義的忠。

到目前為止，上述的討論看起來足以解釋為何國土鍊成陣是不道德的：人基於其道德潛能（我們透過他們的道德行為推論出其道德潛能的存在和實踐）而擁有特別的道德尊嚴。基於這個尊嚴，我們不應為了實現一己的目的而把他人單純地當作

工具去利用；我們必須尊重他人也是作為目的自身，有其尊貴的價值。國土鍊成陣計劃正正是把人單純當作工具（打開地球的門所需要的能量、資訊）去看，因而是不正當的。所以，阻止國土鍊成陣的人，從道德的觀點看是正確的。

然而，這種說法仍然有一個問題：假如人造人真的缺乏道德感，那麼我們只能提供道德理由去支持阻止國土鍊成陣的行為，而不能責難發起者 —— 人造人。又或者我們只能夠批評拉斯，因為他擁有人類和人造人這雙重身份，而選擇了協助人造人。假如人造人根本沒有道德意識，我們又怎能夠要求他們作道德思考，並根據道德思考的結論而行動呢？動物殺害人類的悲劇時有發生，但我們不會從道德的角度批評這些動物，原因在於我們相信動物缺乏相關的道德能力，因而對這些動物作道德譴責是不恰當的。

若然我們要為既有的直覺「人造人的國土鍊成陣計劃在道德上是錯的，而且人造人應當受到責備」辯護，我們就應該再作修正，承認人造人的確有一定的道德潛能，只是他們刻意地貶抑、壓制這種潛能的發揮。在現實上也有不少人嘲弄道德，認為自身有道德能力，但把這種能力視為步向成功的絆腳石。不過，當他們做出一些道德上不容許的行為，我們還是可以（理應）責難他們，並要求他們為此負上責任。我們亦可以此去解釋普萊德的愚忠：根據美國心理學家勞倫斯・科爾伯格（Lawrence Kohlberg）的道德發展理論，普萊德並非缺乏道德能力，只是停留在相對初步，而未到達反思、挑戰既有習俗和社會期許的階段。[18]

3. 道德信念背後對人的理解

以上討論是基於我們的道德直覺是可靠的，而且值得為此直覺提供一個恰當解釋的假設上進行，而原則上我們也可以否定最初假設的道德直覺。[19] 若然假定這些道德直覺是值得我們嘗試去辯護的，我希望展現出這些道德直覺（但非所有的道德判斷）背後預設了一種道德信念：我們不應把其他人視為單純用以促進自己幸福、實現自己目的的工具。這種信念又體現了一種對人的理解：人有其尊嚴、有其不可侵犯性，而對人的特殊道德義務是建基於人類普遍擁有一定的、與道德相干的潛能（理性能力或道德感）。本文旨在展現出這種對人的理解。這種理解當然並非必然真理，但「以能力去界定人的道德身份是最好的做法嗎」、「兩種能力誰更為根本」、「兩種能力共同構成人的道德基礎，但應該如何調和兩者潛在的張力」等問題，就需要交由讀者去探索了。

哲學教室

。康德的人性公式。

「你應當這樣作出行動，即在任何情況下，將人性 —— 不管是你自己的或是任何其他人的人性 —— 永遠同時視為目的而不純粹視為工具來看待。」[20] 康德（Immanuel Kant，1724－1804）認為人的道德人格（或尊嚴）源於人的理性能力，而我們要尊重人性的話，就不能把人只當作自己的工具去對待，例如利用他人而使自己獲益。

。道德能力與道德潛能。

「道德能力」指道德主體當下道德能力的發展程度，而「道德潛能」則比較強調其可發展性。如果我們認為人的道德能力要發展到某一階段才擁有某種道德地位，那麼就很難說明為什麼成年人和小孩（一般而言，後者的道德能力發展程度都不如成年人）擁有平等的道德地位。但如果把道德地位的基礎放在他們的潛能上，那就比較能說得通了。

。道德直覺。

道德直覺（moral intuitions）一般指缺乏完整理由的道德判斷。要注意的是，西方道德哲學中所講的「直覺」與我們日常所講的「直覺」，其意義可能有細微差別。我們也許會認為直覺並不可靠，但在西方道德哲學中，雖然哲學家並不會全盤接受道德直覺判斷（最少限度，一個人也許有着各種不相容的道德直覺判斷），但還是希望其理論提出一個貫通的說法，藉此解釋大部分道德直覺。

・道德平等・

英國道德哲學家班立德・威廉斯（Bernard Williams，1929－2003）認為以人的道德能力說明「人的道德平等」（道德平等的基礎在於我們都擁有某種道德能力）這進路難以清楚說明哪一種人類的能力才是純粹道德的，即使是一些看似沒有爭議的道德能力，例如同情地理解他人感受的能力，也與某些自然能力（natural capacities）脫不了關係。而且，即使存在一種純粹的道德能力，人與人之間在潛能和運用方面都必然有差異，故很難談得上「道德平等」。

・道德發展理論・

美國心理學家勞倫斯・科爾伯格（Lawrence Kohlberg，1927－1987）認為，人的道德發展有三種層次（levels），可細分作六個階段（stages）。第一層為前習俗層（pre-conventional level）、第二層為習俗層（conventional level）、第三層為超習俗層（post-conventional level）。當人們的道德發展停留在第一層時，他們主要的考慮是趨利和避害；第二層的道德思維則較強調社會規範和法則；在第三層則重視道德規則背後的原則。

1　〔日〕荒川弘著，葉瑜譯：《鋼之鍊金術師》。香港：玉皇朝，2005－2011年。

2　在此我並非意指道德和個人利益兩者相互排斥。然而，假如我們只從人類或國民的觀點看，有可能陷入相對主義（國土鍊成陣計劃從國民的觀點看是錯的，但從「父親大人」和人造人的觀點看卻沒有什麼問題），而我假設我們的道德判斷並不支持這個結論。

3　據漫畫和動畫的說法，是把神強行拉下來並放進自己的身體內，這引申出兩個詮釋：（1）自己成為神；（2）自己成為神的載體。我認為前者的詮釋比較符合「父親大人」的野心。

4　有關七宗罪的說法我仍心存疑問。在我看來，「成為神」這一欲望似乎也是其貪婪的表現，而「父親大人」亦對古利德說過：「因為你是從我身上誕生出來的貪婪嘛。我想要的，也就是你想要的嘛」（漫畫第104章、動畫第60集），這似乎表示了「父親大人」並沒有完全捨棄貪婪。另一種解讀是，「父親大人」割捨的是過份的欲望，因而古利德想要女人、金錢、權力、地位，甚至整個世界，但「父親大人」卻對這些事物興趣缺缺，他只想擁有真正的自由。

5　我簡化了康德所講的「人性公式」（Formula of Humanity），只抽取了「不把人性視作純粹的工具」這一面向，而沒有提及「把人性視作目的本身」。把人性視作「目的本身」、「工具」、「純粹的工具」這三者在康德的理論中有不同的意義。有興趣者可參考：李翰林，〈康德與應用倫理學〉，收錄於汪文聖編：《漢語哲學新視域》。台北：學生書局，2011年，頁612－614。如果對康德倫理學感興趣則請見："Kant's Moral Philosophy", Stanford Encyclopedia of Philosophy (23 February 2004). Retrieved 11 January 2019, from http://plat o.stanford.edu/entries/kant-moral/

6　這裏所講的「人性」並非「人類的性命」的縮寫，而是指人之所以為人的特殊能力。在康德的理解下，「人性」而非「人類」才是應當被當作目的（相對於工具）自身去看待。把這個觀點套用到國土鍊成陣和「父親大人」對人的看法上，我將之簡化為人類的性命不應單純被視作能量和打開「門」的工具。而我將會稍後討論有關人之所以為人的特殊能力的問題。

7　我在此沒有深入探討反對國土鍊成陣的後果論式理由（實行國土鍊成陣造成負面的後果，例如犧牲了五千萬人的性命，卻只能造福「父親大人」），原因之一是我假設讀者也有着「即使國土鍊成陣犧牲的只是一個人的性命，這也是不能容許的」的道德直覺。這裏並不必然否定後果論式的理由，只是認為還存在一些後果論式以外，同時意義重大的道德理由。

8　這種說法有時候會有例外，例如有時候我們會歌頌為了自由或愛情而捨棄生命的行為，但一般而言，人的需要都優先於欲望。

9　這一點我在此點到即止，原因在於我不希望介入素食主義和肉食主義的道德爭論，以免模糊了本文的焦點。

10　須要澄清的是，較高級的欲望並不必然會為人帶來更大的滿足感。例如可能大家都認為《哈姆雷特》比「胡打亂揰的摔角表演」高級，但卻同時認為後者更精彩，從中得到更大的滿足感。可參看桑德爾著，樂為良譯：《正義：一場思辨之旅》。台北：雅言文化，2011 年，頁 64。

11　「理性能力」是一個非常抽象的概念，有時人會把它作狹義的理解，視之為計算成本、效率的「工具理性」能力；亦有人會採取較廣闊的定義，例如設定目標的能力（而不是單純視某個目標是既定的，然後去思考怎樣才能最有效地實現該目標）、算術、使用語言的能力等。本文並不提供一個定義，只點列出數個比較沒有爭議的例子或能力以進行討論。

12　有些更極端的懷疑，例如動物看似只能追隨本能，但實質上我們永遠無法得知動物是否真的不自由地追隨本能，還是經過深思熟慮後決定追隨本能。我在此不談這些觀點。

13　另一種調和的方式是訴諸其他重要能力，例如人的道德能力。不少人也認為人之所以為人的關鍵在於人擁有道德能力（並不代表在任何情況下，人類都會依照道德原則行事，但在大多數情況下都有着判別是非的能力和實踐其判斷的傾向）。然而，這個方法面臨同一問題：有一些人缺乏這種道德能力。因此，我在此省略這一回應方式。在討論人與人之間的道德平等時，班立德・威廉斯對「門檻論」的缺點有深入的分析，請參考 Bernard Williams, "The Idea of Equality", *Problems of the Self: Philosophical Papers 1956–1972*（Cambridge: Cambridge University Press, 1973）, pp. 230–249.

14 參見動畫第 26 集，漫畫第 53 章。

15 有時候會出現一些可能是反例的新聞報道，例如有動物在得到人的幫助後報恩、寵物嘗試拯救身處險境的主人，甚至守在主人的屍體旁哀鳴等，這也許是動物有一定道德感的表現。然而，很多人似乎相信這些只是很少數的事例，牠們行為的動機也不一定源自道德感或道德原則的驅使。

16 儘管他們最初的目的在於賢者之石和了解不老不死的祕密，但經過與眾人相遇並經歷不同的事後，他們就不再是單純為賢者之石而戰了。張梅從礦鎮重新回到中央就是一個很好的證明。

17 我認為馬可醫生的掙扎是一個「為害－允害」（doing vs allowing）的問題，假如他逃跑致使恩比毀滅那個村莊，那麼其因果關係相對直接，馬可醫生自感難辭其咎（儘管最直接的責任在恩比身上）；但假如他選擇服從恩比，最後導致整個國家被毀滅，那麼責任便落在人造人的身上。恩比可能也了解到馬可醫生的掙扎所在，但同時認為其掙扎是不必要的、可笑的，只需要從一個完全客觀的角度作計算便知道應該怎樣做。嚴格意義下，恩比並不一定是反對道德本身，而是在主張一種有別於大眾對道德的理解或原則。但為了論證的發展，而又在缺乏證據證明下，我們暫且假定恩比所嘲弄的是道德本身，而非大眾所奉行的道德原則。對「為害－允害」這一區分有興趣的話請見："Doing vs. Allowing Harm", Stanford Encyclopedia of Philosophy (14 May 2002). Retrieved 11 January 2019, from http://plato.stanford.edu/entries/doing-allowing/

18 對科爾伯格的道德發展理論感興趣者可見其著作：*Essays on Moral Development*, Vol. I& II (New York: Harper & Row, 1981, 1984).

19 例如，在本文的討論中，我們假定了人類在道德上而言比其他動物優越，但有些哲學家有力地駁斥這種觀點。當中最著名的是 Peter Singer，他認為這種觀點在本質上與種族主義（racism）並無二致，只不過在人類－動物的關係中則表現為「物種主義」（speciesism），其實也是一種偏見。有興趣者可見 Peter Singer, *Animal Liberation* (Revised Edition) (New York: Harper Collins Publisher, 2002)。

20 這裏採用了李翰林的翻譯，見:〈康德與應用倫理學〉，載汪文聖編:《漢語哲學新視域》。台北:學生書局，2011 年，頁 612;其他學者的譯本也基本上一致。有關「人性公式」更詳細的討論可見:https://plato.stanford.edu/entries/kant-moral/#HumFor（「人性公式」在此翻譯作 The Humanity Formula），2019 年 1 月 11 日下載。

- 汪文聖主編:《漢語哲學新視域》。台北:學生書局, 2011 年。
- 〔日〕 荒川弘著,葉瑜譯:《鋼之鍊金術師》。香港:玉皇朝,2005－2011 年。
- 〔美〕 桑德爾著,樂為良譯:《正義:一場思辨之旅》。台北:雅言文化,2011 年
- Singer, Peter, *Animal Liberation* (Revised Edition) (New York: Harper Collins Publisher, 2002).
- Williams, Bernard, "The Makropulos Case: Reflections on the Tedium of Immortaily", *Problem of the Self: Philosophical Papers 1956–1972* (Cambridge: Cambridge University Press, 1973).
- "Doing vs. Allowing Harm", Stanford Encyclopedia of Philosophy (14 May 2002). Retrieved 11 January 2019, from http://plato.stanford.edu/entries/doing-allowing/
- "Kant's Moral Philosophy", Stanford Encyclopedia of Philosophy (23 February 2004). Retrieved 11 January 2019, from http://plat o.stanford.edu/entries/kantmoral/

參考資料

《寄生獸》：什麼決定生命的輕重？

——楊家頌

2016 年 5 月智利國立動物園發生廿歲青年全裸跳入獅子園區企圖自殺，園方開槍擊斃兩頭獅子救人事件。裸男此舉或能為道德哲學論述提供了不亞於經典的「電車難題」的道德兩難。在電車難題中，我們要抉擇應否讓正高速行駛卻失控的電車從主軌轉轍至旁軌。若不轉換軌道，正在主軌上工作的五名工人必死無疑。若轉換至旁軌，則會使電車撞向一名在旁軌上工作的工人。電車難題要問的是，為救五個無辜的人而犧牲一個同樣無辜的人，在道德上是可容許的嗎？有心理學研究指

出，在三十萬來自不同地區的受訪者中，四分之三對此問題給予肯定的答案。當然，若旁軌上的工人是受訪者的家人或朋友，答案便截然不同。[1] 在各人的生命價值相同的大前提下，轉換軌道能救回更多的生命，故轉換軌道在道德上比起不轉換軌道更可取。依照如此的邏輯，若主軌道上只有兩個工人，轉換軌道在道德上仍然比起不轉換軌道更可取。只有當主旁軌道都有同等數量的工人時，兩個行動才沒有以上的道德差異。[2]

回頭看智利動物園事件：園方的決定明顯預設了牽涉在事件中的生命的價值並不相同。園方發言人一面對兩頭獅子的死亡表示難過，一面解釋説：「對我們來說，人的生命非常重要。」[3]「非常重要」是指，從數量上說，兩頭成年獅子的生命價值也抵不上一個尋死的成年人生命。更甚的是，被射殺的兩頭獅子跟管理動物園的團隊相處了二十多年，被視之為團隊的家人。可是在園方眼中，那兩頭獅子的生命不比一個陌生遊客的生命重要。

可是，為什麼人類的生命如此重要？一個典型的答案是，人類貴為萬物之靈，道德地位比其他物種崇高，故人類的道德權利如生存權、利益均凌駕其他物種的利益。這個看似理所當然的答案，除了長久以來為哲學家所非議外，也是日本漫畫《寄生獸》[4] 嘗試對之作出反省的課題。本文會藉着《寄生獸》的故事，介紹（含大量情節透露）數個相關的哲學觀點。

1. 人是萬物之靈，還是惡魔？

《寄生獸》講述來歷不明的寄生生物「入侵」人類社會。牠們鑽進人體，佔據宿主的腦袋，成為外表是人、擁有自我意識的生物。牠們的行動思想受兩大本能驅動——自我保存和「吃掉人類這個種！」的怒意。牠們沒什麼感情但非常理性。其中鑽進主角泉新一的寄生生物未能成功奪去新一的腦袋，意外地寄生在新一的右手，故取名為「右」。

《寄生獸》甫開始便藉着右的視角，引領讀者反思自冠「萬物之靈」的人類如何對待其他物種。新一起初對會吃人的寄生生物深感痛恨，痛斥寄生獸為惡魔，卻被右的一句駁得無話可說：「新一，我在書上查過關於『惡魔』的資料，但是我覺得最接近惡魔的生物還是人類……人類幾乎將所有種類的生物都殺來吃，但是我的『同伴』們只吃1、2種……飲食相當簡單喔！」此番話也讓新一的非人類中心視角覺醒。他能從人類中心主義的思考框架抽離，漸漸在意人類種種習以為常的惡行：隨便掉棄免治肉漢堡包、虐待小貓、無視被汽車撞致重傷的小狗、隨便掉棄含有毒素的垃圾等等。故事尾聲，新一在這個較宏觀、不以人類為中心的視角下，悟出寄生生物誕生的目的：「為了殺掉增加得太多的人類？為了消滅污染地球的人類？……人類製造出來的毒素，逼得生物無路可走。……從生物整體角度來看，人類是毒素……寄生生物是解藥嗎？」這大概是岩明均想説的：人類才是地球上的寄生獸。

在筆者近年涉獵的哲學討論中，會以類似不以人類為中心的視角審視人類這物種的是南非哲學家大衛・貝納塔爾（David

Benatar）。貝納塔爾是個反生育論者（anti-natalist），主張人類不應該繁衍後代，好讓人類漸漸絕種。理由之一正是人類的存在對整個世界有害。他在「厭人論證」（The Misanthrophic Argument）一文指出，人類自我感覺良好地定義自己為 Homo sapiens（智人）或「理性的動物」，卻名過於實。[5]他提出多個科學研究，力證人性的愚昧與邪惡。「人類的理性或高於其他動物，但我們的破壞性也遠超過其他物種。」[6]就着此突出的破壞力，人類也能合理地被稱為「homo pernicious」，即「有害的人」。貝納塔爾接着把人類在世界上造成的傷害分成對人類的不人道、對動物的殘暴、毒害環境三個範疇，逐一討論。

筆者不打算細列貝納塔爾證明人性愚昧與邪惡、對人類的不人道、對動物的殘暴、對環境的毒害的證據。任何有看過心理學、人性研究、人類歷史、新聞的讀者都能舉出大量相關的證據。批評者或會質疑，人性有陰暗面，也有光輝面。儘管人類會對其他物種構成傷害，但人類也會幫助別人、拯救動物和保護環境。人類為世界帶來的善仍比傷害多，罪不該絕吧！貝納塔爾便提醒我們，人類大部分拯救或幫助動物和保護環境的行動，也不過是在補救人為的傷害。試想想：收養被棄養動物的動物義工、幫助大海龜拔出插在鼻孔的塑膠吸管、[7]冒着被檢控的風險去放生被圈養的海豚的保育人士、[8]為研究如何清理海洋垃圾而輟學的荷蘭少年柏彥・史勒等等，[9]無一不是在為其他人類所作的惡行善後。即使把其他非補救性質的善行納入計算中，似乎人類整體而言為世界帶來的傷害仍遠多於善，沒人類的世界比起有人類的世界更加安全。

2. 智力決定道德地位？

在貝納塔爾看來，人類對其他物種造成的直接或間接傷害已為「人類不應該繁殖」此結論提供相當有力的理據。他的論證預設了另一前提：非人類動物的利益該被納入道德考慮中（animal interests count morally）。[10] 若其他物種的利益在道德上不重要，那麼人類對其他物種造成的利益損害便不能構成道德上譴責人類的理由。貝納塔爾認為，在過去數十年已有不少有力的論證支持「動物的利益該被納入道德考慮中」此觀點，例如當代著名動物權益倡議者、來自澳洲的哲學家彼得・辛格（Peter Singer）於 1975 年出版的著作《動物解放》（*Animal Liberation*）中便有有關討論。

辛格認為，其他物種的利益在道德上的重要性不比人類低。他主張平等考慮動物的利益，並譴責不合理地偏袒人類利益者為「物種主義者」（speciesist）。在辛格眼中，「物種主義」（speciesism）跟種族主義（racism）、性別主義（sexism）不遑多讓，在道德上都是同樣差勁的態度。

物種主義式的做法在現實中比比皆是；它們均反映出人類不合理地視其他物種的利益低於人類自身的利益。不消說，對人類有害的生物往往沒有生存權利，例如在本地被懷疑感染禽流感的家禽便會如貨物般全被「銷毀」，而不是被隔離觀察。對人類有用的動物的命運往往更加悲慘。辛格在《動物解放》中便詳述了在科學實驗室和工廠化養殖場的動物的悲慘狀況。《人類大歷史》的作者哈拉瑞更說，在工廠化養殖場的食用牛是世上最悲慘的動物。[11] 可以肯定地說，在工廠化養殖場中的食用動

物比被寄生生物獵殺的人類悲慘得多。寄生生物獵食人類的方法相當直截了當，被獵食的人類幾乎不用受苦。跟大部分非人類動物一樣，牠們只為維生而獵食。比起人類為了讓牛肉好吃一點、令鵝肝大一點等跟營養、維生無關的考慮，就讓動物被屠宰前一生受盡折磨，人類的確比寄生生物更接近惡魔。除此之外，聲稱為人類提供教育的動物園、海洋館、提供娛樂的馬戲團、為寵物業商店提供動物的繁殖場、為滿足人類對奢侈品的追求而出現的皮革工業等等中的動物，牠們連自然地成長生活、免於受苦的權利也沒有。

　　儘管不少人同意任意傷害動物的行為是不道德的，但仍會為物種主義辯護。正如前文提及，有論者認為，人類的道德地位比動物崇高，故人類的利益凌駕其他物種的利益。但是「人類的道德地位比動物崇高」一說的理據何在？正如在《寄生獸》的故事尾聲中，新一在掙扎是否把寄生生物後藤殺掉時反覆自問：「只因對人類有害，那種生物就沒有生存權利？誰決定人類與其他生命的重量，是誰決定的？」

　　若把新一的問題換成什麼決定生命或其利益的重量，辛格會說是感知快樂痛苦的能力。大部分的動物都有感知快樂痛苦的能力，故牠們的生命有重量，其利益應獲平等考慮。[12] 另一動物倫理哲學家湯姆・雷根（Tom Regan）的答案是，所有正在經驗生命的主體，即具有意識、感知能力、有所喜好厭惡、喜怒哀樂、會在意自身生活質素的主體，均有同等的內在價值，而不應只被視為工具資源般任人隨意使用。[13] 雷根進一步說，善待動物的理由不應該出於對人類自身利益的考慮。例如不容許自家小孩虐待鄰居的小狗的理由，不應只建立在此舉會

令小孩被狗咬傷、讓他發展出虐待別人的傾向，或傷害狗主感受諸如此類以人類利益為中心的考量，而應該建立在小狗的生命本身有內在價值，牠有不被任意傷害的權利的立場之上。

另一邊廂，物種主義哲學家如卡爾·科恩（Carl Cohen）、邦妮·史坦堡（Bonnie Steinbock）則說，決定生命跟其利益的重量的是智力、有自主地作道德判斷的能力。科恩認為，人類是高智力生物，我們有自主地作道德判斷的能力；動物沒有這些能力。故人類有道德權利，動物沒有。[14]

可是，有論者或會問，若以智力決定道德地位的話，那麼《寄生獸》中擁有高智能的寄生生物如右、田宮良子等是否該享有道德權利？假設有一天一群比人類更高智慧的外星生物到訪地球，並以人類作食糧，我們是否該一致地認為牠們的行為在道德上是可容許的？事實上，類似科恩的「智力主義」論調在哲學界中引來不少批評。有反對者便質疑，按照「智力主義」的判斷準則，那麼智力較高的人類的道德權利是否可以凌駕智力較低的人類的道德權利？再說，不是所有人類都有相當的智力與道德能力。初生嬰兒、幼童、嚴重弱智、患有嚴重腦疾、精神病、腦退化、永久昏迷的植物人便沒有或不同程度地缺乏這些能力。相反，不少動物研究指出，有些成年動物不單擁有不低於人類正常兒童的智力，有的更會照顧長幼、互相幫助，甚至出手拯救其他物種（筆者便看過如小黃狗為被掉在路上快缺水而死的魚兒潑水、滑水選手憶述海豚驅趕追捕他的鯊魚等錄像片段）。為何那些缺乏能力的人類仍有道德權利，而那些擁有相關能力的動物卻沒有？

科恩回應說，智力、道德能力乃人之所以為人的特質，批

評者不應將之當作篩分人類的屏障。缺乏智力、道德能力的人類不會因其所缺而被拒於道德群體（moral community）外。另一方面，儘管有些動物展示令人印象深刻、有智慧的、看似道德的行為，牠們仍不應被納入道德群體內，進而享有群體成員的道德權利。理由是動物看似道德的行為並不是如人類的行為般由道德律則、理性思考所驅動。可以說，那些並不是真正自主的、有道德價值的行為。[15]

讀者不難發現，科恩先以智力、道德能力作為決定生命在道德上的輕重判斷準則，接着他辯稱，個別生命擁有或缺乏同一能力對決定其生命的輕重並不相干。哲學家阿拉斯泰爾·諾克羅斯（Alastair Norcross）便指出，對科恩而言，相干的似乎是，若此能力在一物種內是正常的，那麼那個物種的所有成員均享有道德權利。若此能力於一物種是不常見的，那麼那個物種的所有成員均不能享有道德權利；而這些能力在非人類動物這物種是不常見的。[16]諾克羅斯批評說，此想法之荒謬，有如一個審判官在一組被審判者中，以「有罪的」這性質屬常見為理由，把甘地跟希特拉、斯大林、布殊一干人等視為有罪。

諾克羅斯接着指出，即使動物如科恩所說不是具智力、道德能力的主體（moral agent），我們應將牠們拒在道德群體外此結論仍然不成立。理由是道德群體內除了有具有智力、道德能力的主體外，還有不具道德能力的生命體，如前文提及的初生嬰兒、幼童、嚴重弱智、患有嚴重腦疾、精神病、腦退化、永久昏迷的植物人等。由此可見，具智力、道德能力這標準對於決定什麼生命應被納入道德考慮、予以基本尊重的關係不大。

這樣看來，「感知快樂痛苦的能力」、「生命的主體」等說法似乎能提供較合理的判斷準則。

3. 什麼才是真正的正義？

這似乎意味着，在《寄生獸》中的寄生生物也該被納入道德群體內。正如不再以人類為主糧，並養育着人類嬰兒的寄生生物田宮良子，在被警隊開槍掃射後對新一說，寄生生物與人類是一家人，跟人類的小孩一樣，是無法獨立存在的生命體，故人類不要太欺負牠們。對新一來說，此話簡直是惡人先告狀，因為寄生生物會殺人呀！可是，若寄生生物及其他生物的利益都該納入道德考慮，並假設人類無法大規模地改變生活方式，去除「有害的人」的污名（對此筆者相當悲觀），減少人口未嘗不是一個可達到最佳整體利益的方法。在《寄生獸》中，有一個人物早就明白這點。跟寄生生物群體合作的市長廣川，在軍隊對寄生生物進行大規模屠殺時便對軍人說：「再過一段時間，所有的人類應該都會察覺，人類的數量必須減少。再過一段時間，你們就會發覺，隨便拋棄垃圾罪比殺人罪更嚴重。」主角新一最終也明白這一點。儘管被後藤連番追殺，當看着組成後藤的寄生生物細胞，在後藤被新一用隨手拾來、含有劇毒的金屬垃圾重創後仍努力地整合重組，新一突然有「不想殺掉一個拼命想生存的生物」的想法；即使不殺掉後藤對人類沒有好處，「但是從地球整體來看的話，也許那樣才更好。」

然而，新一說到底是個人類。縱使道理上明白寄生生物的

存在並沒有錯，受着「以自己所屬的物種的利益為優先」這股本能般的情感驅使，新一還是流着淚，跟後藤道歉説「你並沒有錯」，把牠殺掉。這種本能般的情感，大概是演化塑造而成，因它有利於保存物種 —— 這也是令筆者悲觀地相信人類不能大規模改變種種惡行的原因之一。試想想新一殺後藤或智利動物園團隊的行動，便可見這股情感力量之大。順帶一提，科恩貶抑動物「道德」行為的論調，在筆者看來，是低估了情感在道德判斷、行為中的影響力，以及對動物情感世界認知不足的結果。言歸正傳，有多少人類能像《寄生獸》中的廣川般言行一致，能情理合一地道出以下的一番話：

> 「地球上的某個人突然想到，必須保護生物的未來……環境保護還有動物保護，都是站在人類立場上，定下來的扭曲標準。為什麼你們還不承認呢！既然是萬物之長的靈長類，就應該要考慮生物全體的繁榮，而不是只有人類一種生物啊！人類大言不慚地說是為了正義！到底什麼才是真正的正義！?」[17]

哲學教室

。電車難題。

「電車難題」（The Trolley Problem）由英國哲學家菲利帕‧庫爾（Philippa Foot，1920－2010）於其1967年發表的 "The problem of abortion and the doctrine of the double effect" 提出，是一思想實驗（thought experiment），用以測試我們的道德直覺。「電車難題」其後由另一哲學家朱迪森‧湯普森（Judith Thompson）在 "The Trolley Problem"（1977）一文將之發展及推廣。近年在哈佛很熱門的「正義」課中，邁克爾‧桑德爾教授（Michael Sandel）也以「電車難題」展開討論。有關討論可參考桑德爾以其課堂內容寫成的著作：*Justice: What's the Right Thing to Do*。

。物種主義。

彼得‧辛格（Peter Singer）在其著作《動物解放》（*Animal Liberation*，1975）中，把「物種主義」定義為「一種偏見與偏頗的態度，偏袒某一物種自身成員的利益（interests），並且排除其他物種的成員的利益。」就如「性別主義」也是一種偏見與偏頗的態度，偏袒某一性別自身成員的利益（interests），並且排除其他性別的成員利益；或如「種族主義」，偏袒某一種族成員的利益，並且排除其他種族的成員利益。辛格列舉的物種主義行為包括吃肉、動物實驗等等。

「物種主義哲學家」泛指主張人類道德地位／權益比非人類動物更高或更重要的哲學家。

。智力主義。

「智力主義」在本章中指以智力作判斷準則，區分哪物種擁有（較高）道德地位／權益的論調。

1 〔德〕理察・大衛・普列希特：《無私的藝術》。台北：啓示出版社，2012 年。

2 對某些道德哲學來說，這兩個行動仍有其他道德上的差異。例如英國哲學家菲利柏・富爾便認爲，轉換軌道者會成爲構成他人死亡的行動者，不轉換軌道則只是讓一件致命事件繼續發生，兩者仍有道德上的分別。見 Philippa Foot, "Killing and Letting die", *Moral Dilemmas: and Other Topics in Moral Philosophy* (Oxford: Clarendon Press, 2003).

3 Jonathan Franklin, "Zookeepers shoot man with tranquiliser while trying to save him from lions", *The Guardian* (May 2016). Retrieved 11 January 2019, from https://www.theguardian.com/world/2016/may/22/two-zoo-lions-shot-and-killed-after-mauling-suicidal-naked-man

4 〔日〕岩明均著，林秋英譯：《寄生獸》。香港：天下出版有限公司，2005－2006 年。

5 David Benatar and David Wasserman, *Debating Procreation: Is it wrong to reproduce?* (New York: Oxford University Press, 2015), chap. 4.

6 同上，頁85。

7 〈比吸管還嚇人 13 公分塑膠叉插海龜鼻孔〉，中央通訊社，2015 年 12 月 10 日，http://www.cna.com.tw/news/firstnews/201512105004–1.aspx，2019 年 1 月 11 日下載。

8 Fisher Stevens, Paula DuPré Pesmen (Producer), & Louie Psihoyos (Director). (2009). *The Cove* [Documentary].United States: Participant Media.

9 Vibeke Venema, "The Dutch boy mopping up a sea of plastic", BBC World Service (October17 2014). Retrieved 11 January 2019, from http://www.bbc.com/news/magazine-29631332

10 David Benatar and David Wasserman, *Debating Procreation: Is It Wrong To Reproduce?*, p. 102

11 〔以〕哈拉瑞著，林俊宏譯：《人類大歷史：從野獸到扮演上帝》。台北：天下文化出版，2014 年，頁 112。

12 然而辛格承認人的生命價值因智力而高於動物。他認爲智力或能決定生命價值的高低，但不能決定一物種的快樂痛苦及利益的道德重量。見 Peter Singer, *Animal Liberation* (New York: Harper Perennial Modern Classics, 2009), pp. 20–21.

注釋

13 Tom Regan, "The Case for Animal Rights", in Peter Singer (Ed.), *In Defense of Animals* (New York: Basil Blackwell, 1985), pp. 13–26.

14 Carl Cohen, "The Case for the Use of Animals in Biomedical Research", *New England Journal of Medicine*, Vol. 315 (1983). 另見 Bonnie Steinbock, "Speciesism and the Idea of Equality", *Philosophy*, Vol. 53, No. 204 (April 1978), pp. 247–256.

15 Carl Cohen, "The Case for the Use of Animals in Biomedical Research", *New England Journal of Medicine*, Vol. 315 (1983).

16 Alastair Norcross, "Puppies, Pigs, and People: Eating Meat and Marginal Case", *Philosophical Perspectives*, Vol. 18, Ethics (2004), p. 240.

17 廣川口中的「扭曲標準」，是指如本文提及的那些以人類利益出發而保護動物的理由；「為了人類的下一代、為了你的子女」諸如此類的環保口號也是。

- 〔日〕 岩明均著，林秋英譯：《寄生獸》。香港：天下出版有限公司，2005－2006 年。
- 〔以〕 哈拉瑞著，林俊宏譯：《人類大歷史：從野獸到扮演上帝》。台北：天下文化出版，2014 年。
- 〔德〕 理察・大衛・普列希特：《無私的藝術》。台北：啟示出版社，2012 年。
- 〈比吸管還嚇人 13 公分塑膠叉插海龜鼻孔〉，中央通訊社，2015 年 12 月 10 日，http://www.cna.com.tw/news/firstnews/201512105004－1.aspx，2019 年 1 月 11 日下載。
- Alastair Norcross, "Puppies, Pigs, and People: Eating Meat and Marginal Case", *Philosophical Perspectives*, Vol. 18, Ethics (2004), p. 240
- Bonnie Steinbock, "Speciesism and the Idea of Equality", *Philosophy*, Vol. 53, No. 204 (April 1978).
- Carl Cohen, "The Case for the Use of Animals in Biomedical Research", *New England Journal of Medicine*, Vol. 315 (1983).
- David Benatar and David Wasserman, *Debating Procreation: Is it wrong to reproduce*? (New York: Oxford University Press, 2015)
- Fisher Stevens, Paula DuPré Pesmen (Producer), & Louie Psihoyos (Director) . (2009). *The Cove* [Documentary]. United States: Participant Media.
- Jonathan Franklin, "Zookeepers shoot man with tranquiliser while trying to save him from lions", *The Guardian* (May 2016). Retrieved 11 January 2019, from https://www.theguardian.com/world/2016/may/22/two-zoo-lions-shot-and-killed-after-mauling-suicidal-naked-man
- Philippa Foot, "Killing and Letting die", *Moral Dilemmas: and Other Topics in Moral Philosophy* (Oxford:Clarendon Press, 2003).

- Tom Regan, "The Case for Animal Rightsl", in Peter Singer (Ed.), *In Defense of Animals* (New York: Basil Blackwell, 1985), pp. 13–26.
- VibekeVenema, "The Dutch boy mopping up a sea of plastic", BBC World Service (October 17 2014). Retrieved 11 January 2019, from http://www.bbc.com/news/magazine-29631332

漫畫與哲學

第四部分

理想中的世界

愛與自由：《天使禁獵區》的宗教觀

—— 趙偉偉

每個文化，都有其自身的宗教。[1] 宗教總是構想或嘗試觸摸比凡人更高級的存在，這存在又會對凡人有種種要求。愈是悠久和多信徒的宗教，此等構想就愈深奧，此等要求就愈複雜。惟有深奧，才能莊嚴；惟有複雜，才能考驗。若是有單一至高神的宗教，往往戒律眾多，並視觸犯戒律者為大逆。宗教的戒律，究竟應是神聖不可侵犯，還是瘋狂有違道理？由貴香織里（下稱「作者」）的成名作之一《天使禁獵區》[2]（下稱《天禁》）講述天界、人界與魔界眾生的故事，以愛情和尋求自我為主線，又隱含許多對宗教、自由、道德的刻畫與想像。是故雖然《天禁》在畫風

上是少女系，但其觸及的人生及文化問題之廣，又不同於一般少女漫畫。本文希望整理《天禁》之宗教觀，並分析其與人的生存模式之關係。筆者認為，《天禁》並非視宗教與人為絕對對抗，而在理想的狀態下，宗教能與人性融和。

1. 宗教與權力：從天界看極權

　　天界高高在上，不但神聖不可侵犯，而且隨時視察着人類，支配着人類。地獄深不見底，令人恐懼之餘也勾引着迷途的人。雖然雙方一光一暗，然而在《天禁》中，不論天界還是地獄，都有劇烈的權鬥。故事裏歷時最長的便是薩弼 [3] 先後和「世界靈魂」及洛斯艾爾 [4] 爭奪天界統治權，其殘忍和血腥不禁令人想起現實中各式各樣的酷刑，甚至以往宗教異端裁判所裏慘不忍睹之事。酷刑之中，「斬翅」可謂作者特別的構思，意思是把天使的翅膀斬下。[5] 此舉不但令其喪失靈力，還會令身軀腐爛，進而喪失理智。此等殘忍暴虐是天界的一大諷刺和荒謬之處。細心觀之，種種酷刑亦表示了天界的三個面向：

　　1）天使也有脆弱的一面。天使不但像凡人一樣有「軀體」，而且這軀體在某些條件下會變得比凡人更不堪，落得比死更可怕的下場。本來在天界中，有軀體的天使比沒有軀體的天使更高級，[6] 因其能透過感官獲得更多知識。然而一旦有了軀體，便會無奈地有軀體傷殘的痛苦，及對痛苦之恐懼。此處凸顯了受造物的悲哀及創世神的扭曲。

　　2）天界的階級比地獄和人界更為森嚴。人界尚有非獨裁的

國家或沒什麼官僚機構管治的地區，但整個天界政權均奉行軍國主義，軍令如山。在這情況下，服從上級的命令是理所當然的。因此，罪莫大於挑戰權力，而刑罰正是權力對挑戰者的「修正」。在創世神或自稱最接近創世神之天使的權力之下，每個天使均有自己的位置和所屬單位，不得僭越，違者軍法處置。非但審判罪犯時如此，其日常生活亦如此。故事裏的天界角色常穿軍服，相反人界或地獄角色的服飾較為自由，可作一例。

3）正如現實中的英國歷史學家阿克頓[7]所說，「權力使人腐化，絕對權力使人絕對地腐化」。天界中掌權的薩弼、洛斯艾爾，甚至是創世神，在運用權力時不會同情受眾，也不會為了天界的和平繁榮行事。薩弼在其統治其間似有施虐癖，且被洛斯艾爾和賽斐克[8]看穿是借殘虐他人來逃避自己的問題，企圖藉此抹消過去的經歷、感情，甚至身份。薩弼死後，洛斯艾爾統治天界其間雖然沒有再施「斬翅」之刑，可是他仍然要下屬絕對忠於他，不容任何質疑（除了琦穆[9]），否則便以暴力對待甚至殺害。對惡魔軍的戰事中，他也沒有愛護同伴的意識。[10]比薩弼更可怕的是，洛斯艾爾行事不太依從常理，其瘋狂的個性配以權力，能對天界造成極大破壞。

權力是如何運作的呢？這並不是單靠野蠻力量或恫嚇就可以。歷史上的政治思想家，不論其支持怎樣的政府，多數認為社會中的權力有別於自然界的暴力（更何況自然界也不一定只靠蠻力）。《天禁》的天界裏，統治者除了以實績獲取下位者支持，其權力來源主要有三：「氣質」、「情報」和「力量」。這和現實政治頗為相似。洛斯艾爾的氣質就是令人臣服的原因之一。他在還能掩飾自身反成長其間，一直以其美麗和優雅傾

倒天界眾生。而且他也具備一等一的靈力，即使親身戰鬥也沒問題。薩弼在這兩方面則有所不及。雖然他手上有麥塔朗[11]和森塔朗[12]作為王牌，但是這對孿生兄弟還是不能與洛斯艾爾抗衡。[13]薩弼倒是擅長情報操作，如偽裝、欺騙、要脅等，洛斯艾爾相較下似乎沒有那麼多小動作。然而洛斯艾爾隱伏在暗處，卻能掌握兩項關鍵情報：薩弼的身份和他手上孿生兄弟的能力資訊。所以讀者不難預料誰是權鬥中的輸家。《孫子兵法》的〈謀攻〉：「知彼知己，百戰不殆」。〈始計〉：「多算勝，少算不勝」。在神聖的天界，其權鬥如現代戰爭般，是情報戰的較量。就算是創世神的權力，也是建立在自身的力量及強大的情報系統之上。[14]創世神雖然沒有實體，不過在最後的場景中，他以電腦的姿態出現——作者似乎由第一卷的「天使禁獵區」電腦遊戲始，至最終卷的「亞米雷加」結束，都不斷描繪天界的尖端科技和科學研究，並將之視為天界實力的象徵（地獄則無甚科技或科學畫面）。本來於一般人心目中對立的「宗教」和「科學」，在《天禁》中卻結合起來。這彷彿警告着世人，若宗教狂熱與科技結合，會是多麼可怕。

天界的極權是否有必要呢？支持專制的思想家如韓非、霍布斯[15]等，常主張專制政權是國家面對外敵時的上策，因為他們認為這時只有強勢的領導才能維持社會秩序。天界經歷兩次大戰及創世神消失後，的確談不上穩定。不過，正如上述（3）所說，當權者總是為了維持權力而慢慢走向人性的反面。如果當權者曾使用高壓手段鎮壓民眾，那往後便會為了阻止民眾反彈而採用更高壓的手段，只是這種手段往往伴隨着「正義」的名號或加上一些小恩小惠，使人們未必能看得清楚罷了。長期

的高壓手段會令社會缺乏生氣，或者因為不能抒發感情、不能表達意見而變得精神緊張。前者不利文化建設，後者則滋生不合作、出走或反抗行為。漫畫之中，「世界靈魂」就是天界的反抗組織。《天禁》並沒有詳細交代它是如何成立、如何招募成員的，不過我們可以從嵐傑[16]的經歷看出端倪。他本來是在天界較高層的地方居住，卻在一次執行任務時發現天界貧民窟居民的慘況。本來他還認為決絕的政策有助整肅混亂，[17]不過在貧民窟遭受薩弼轟炸後，他萌生了去意。賽斐克向他交代心路歷程，終使他決定加入反叛組織。現實中的極權政府，也往往用「法治」、「維持穩定」等說法來維持鎮壓異己的行徑。然而一般人若接觸過被放逐或迫害的人，便不得不拉開自己和政權的距離了。這並不只是基於人性的同情，還因為視野擴闊了，不再像以前般認為政府所說的就必定是真相。作者安排同情受迫害者的嵐傑成為新的天界統治者，未必沒有理由。

2. 宗教與自由：外在限制與自我的失落

　　天界內高層對低層的壓迫，固然滋生反抗；天界對人界及地獄的壓迫，同樣滋生反抗。雖然《天禁》並沒有花太多筆墨在人界的事務上，卻藉創世神的機心暗示了人界的悲慘：創世神只視天使和人類為實驗品，[18]並不愛他們。[19]天使之中，願意守護人類的也不多，可以說人類只是天界的玩物。而「剎那」這主角的出現，本來是天界權鬥的副產品，是雅蕾潔爾被迫轉世的路途中的某一任生命。「紗羅」也一樣，是因着薩弼和琪蓓

兒之權鬥而生的。因此，兄妹二人的存在本身就是人類不自由的體現。他們的感情一開始受到家人和教會學校的反對，對當時的他們來說是痛苦之始。然而在讀者看來，這其實是先前痛苦的延續，是充滿虐待、殘酷和權力欲之天界施加給人界的痛苦之一。同時，這對人界的教會亦是一種諷刺：教會以天界之名批評兄妹二人亂倫，卻不知道二人的存在本身就是天界的意思。

　　天界加諸人身上的不自由，剎那是切實體驗到的。最初因為教會學校的高層和校內不少學生聲稱兄妹二人違反神的意旨，要他們接受神的懲罰，[20] 使剎那體驗到外在枷鎖對自己的束縛，但他在此階段中並沒有因此否定自己。可是剎那後來慢慢意識到自己與「前世」的身份雅蕾潔爾交疊糾纏，便不時陷入身份危機，認為「自己不屬於任何人，也沒有任何人屬於自己」。[21] 此乃更深層的不自由，因為這時剎那體驗到的是整個人生的失落，不但自我的行為沒有意義，「自我」本身也沒有意義。剎那遇上的人，有時亦的確為着雅蕾潔爾而來，只把他視作雅蕾潔爾的轉生。例如，在前往最終戰鬥的地點 —— 神塔之時，即使是與剎那相處多時的奧璃，仍難以改變喚剎那為雅蕾潔爾的習慣。[22] 由此看來，剎那和天界的爭鬥既是為了紗羅，也是為了自己的自由，即重新肯定自己作為剎那的身份。這兩個目的其實是一體兩面，因為只有對紗羅的愛才是「剎那」這身份存在的最好證明。這也許亦是剎那在計劃與紗羅私奔時，曾覺得「雅蕾潔爾不想覺醒，想做凡人」的原因。[23] 當然，他私奔時並不知道雅蕾潔爾有一顆愛心，更不知道雅蕾潔爾心裏真的希望剎那能繼承他的位置，[24] 所以他還未能弄清自己和雅蕾潔爾之間的關係。消除自殺的念頭後，剎那經歷了星幽界的歷險，巧

合地以雅蕾潔爾的身軀醒來，總算稍為意識到自己的命運是無可避免地與他人連繫着。可是，他仍未思考得出自己與雅蕾潔爾應該是一種怎樣的關係，受宓璐玗[25]的挑撥後，他只是想否定雅蕾潔爾而保留自己。[26]為了「方便」，他還企圖把雅蕾潔爾的長髮剪掉，[27]視「雅蕾潔爾」和「剎那」為對立者，要擺脫「雅蕾潔爾的陰影」。[28]前往天界和世界靈魂接洽時，他也是完全以「剎那」身份自居的，演說時稱「我跟雅蕾潔爾完全不同」。[29]

驟眼看去，剎那竭力擺脫雅蕾潔爾的陰影以及爭取他人對「剎那」的認同是自由的體現，但這充其量只是尋求自由過程中的掙扎，還未能說是真正的自由。即使剎那可以單憑自己贏得眾人的支持，這也如賽斐克所說，是不足夠的。[30]這是因為要獲得自由，便不能受天界權力的壓迫或掣肘（見上一節），即是要與天界對抗。若要對抗，則必須借助雅蕾潔爾的靈力及人脈。他在面對撒旦[31]及洛斯艾爾時便不得不如此。一旦借助了雅蕾潔爾的力量，剎那便不能不承認自己與雅蕾潔爾的連結實乃其自我的一部分。假使他執意要否定雅蕾潔爾，除了難以施展實力外，也無法面對自己的過去、無法向同伴交代，更無法真正心安。賽斐克和世界靈魂士兵的犧牲，令剎那明白到自由並非等於孤立或任意獨行，而是要理解自我及他人的關係，自覺自己與他人的命運實不可分離，並勇於為大家奮鬥。

所以，後來剎那便不再說要擺脫雅蕾潔爾，而是感受他、與他溝通，讓雅蕾潔爾在自己的生命中佔一位置。「讓」並非被動，反而代表着剎那不再被身份危機迷惑，是真正獨立的表現。在神塔中，剎那雖然是因着自己的意志及目睹創世神的惡戲而說出反抗創世神的說話，[32]但這恰好繼承了雅蕾潔爾的反

抗意識和悲天憫人的情感，應驗了雅蕾潔爾所說，要挑選剎那作為人類的代表及真正的救世者。[33] 洛斯艾爾因琦穆之死而「覺醒」時，剎那明白自己必須被洛斯艾爾「殺死」，使雅蕾潔爾和洛斯艾爾這對本來互相愛護的姊弟見面，才能解開洛斯艾爾的心結。在剎那心中，洛斯艾爾本應罪無可赦，是他誓言要碎屍萬段的對象。[34] 洛斯艾爾一一奪走剎那的東西，也不放剎那在眼內，剎那當然感到百般屈辱、挫折和怨恨。可是，他到最後連對洛斯艾爾的仇恨也放下了，甚至暫時放下了自己，把一切交給雅蕾潔爾。此刻，剎那和雅蕾潔爾的對立才真正消解。只有如此，他才能作為完整的救世主，最終完成殺神的任務，為自己，亦即是為所有存在實現自由。

3. 宗教與道德：對人性的思考

自由實現了，並不代表人可以隨心所欲。上帝固然已死，但作者並非要取消正邪的分界，甚至也不是要取消天界和人界的層級結構，只是動搖我們一般認為天界代表絕對、完美、正義的觀念。畢竟作者並非認為人類該像活在地獄那般爾虞我詐和放縱（雖則漫畫中地獄的最高領導其實和雅蕾潔爾一樣，都有着慈悲之心，不會把自利放在首位）。天界方面，最高領導儘管殘暴不仁，代表慈愛與包容的聖隱者亞當伽蒙卻一直照顧眾生。作者把亞當伽蒙設定為兼有雙性的存在，和創世神的「無性」和「機械化」形成強烈對比。亞當伽蒙不但甘心自己受苦而「生下」天使，對自己所生的子女也沒有支配欲，最後還懇求眾人將自己封

印。在神塔之戰的最後，創世神被路聶菲洛和剎那殺死，亞當伽蒙的意識也慢慢消失。其最後的禱告流露出無私的愛，並祝福人界裏的愛情。這種愛與祝福一直引領着剎那，也一直在尋求自由的諸位角色身上反映出來。天地大戰之前，雅蕾潔爾和路聶菲洛其實就是「愛」和「自由」的代表。神塔之戰後，他們二人的靈魂得以相見，象徵愛和自由的結合。如上節所述，尋求自由者早晚會明白自己與他人的命運其實不可分離，因此關愛他人和尋求獨立並非矛盾，而是相輔相成的。勇於表達自己的愛、勇於承擔因愛而來的痛苦，這才是真正的獨立，也是真正的道德，而以亞當伽蒙精神為本的，可説是真正的宗教了。

有別於後果論和義務論，《天禁》對道德的看法似乎更接近古典的德性論，並有其人性論作為基礎。賽斐克曾慨嘆天使是不自然的生物，而創世神又在他們身上施加種種違反自然的拘束。[35] 紗羅受薩弼審判時，除了斷言會為自己的選擇負責外，[36] 也指出「要扼殺所有感情，清正廉潔的執行由神所決定的戒律，這實在有違自然，太可憐了」。[37] 天使本應比人類更接近完美的秩序，而完美的東西當然是穩定的，因此須要排除「感情」這看似不穩定的因素，但高級天使因為擁有軀體，作為有思考和軀體的生命要排除感情其實十分困難。這是因為思考會無可避免地受到軀體的感受和反應影響，不論是思考材料的獲取還是思考結果的表達皆然。因此，天使也有着人類的「人性」，這人性就是在普通欲望之外，還會追求自由、追求愛。如亞當伽蒙所言，「請不要忘記你們是因為愛而誕生下來」。[38] 天界裏的角色在登場時大多有抑壓內心真實感情的一面，而天界的情況也不容許他們「追求私情」，他們因而精神緊張，變得煩躁、暴

怒、孤僻、冷漠等，並進而變得醜惡。至於地獄，雖然沒有天界的嚴格紀律命令，但六君主還是保留了天使這種「抑壓感情」的生活方式，只是藉由放縱來逃避正視自己的內心。不過，放縱並不能使他們安適，即使宓璐玡為扭曲的愛辛勤付出，也抹不走內心的悔恨。最後，還是得靠亞當伽蒙最後的禱告和剎那的努力，天界和地獄才能暫時放下爭鬥。

《天禁》肯定自由和愛的價值，乍看和現實生活差不多。但如果將《天禁》對宗教及倫理的態度和現實生活比較，便會有一點明顯不同。《天禁》批判宗教對權力的執着和對自由的箝制，卻頗為同情剎那與紗羅之間的感情。作者認為他們如果沒傷害到人，世人沒必要苛責。[39] 可是在現實生活裏，一般人通常對宗教持較寬容的態度，而對亂倫反感。反感的理由主要有二：第一是亂倫較易生出不健康的後代，第二是亂倫使家庭關係混亂。雖然今時今日愈來愈少人視生育下一代為性愛或婚姻的主要目的，家庭的重要性也愈來愈薄弱，但這種反感彷彿已寫在我們的人性之中。如果《天禁》認為道德應符合人性，我們又應該如何解讀《天禁》對男女主角的同情呢？這還得回到「感情」這一主題上。在《天禁》中，愛上一個人並非出生時注定的，然而亦非自己所能決定。這兩點和現實生活相似。也就是說，我們無法預知誰會愛上誰，也無法決定誰會愛上誰。相識、婚姻甚至生育都可以安排，然而愛情不可以。絕大多數人自然而然就不會愛上親人，他們並不需要外在的亂倫禁令。至於少數愛上親人的人，他們並非喪失了人性中的「愛」，只是愛的對象恰巧與一般人不同罷了。倘若他們的愛只是曇花一現還好，但如果他們無法移情別戀的話，禁止他們相愛便有礙他們

的人性發展了。不過，不禁止相愛，是否也等於不禁止他們組織家庭和生育呢？《天禁》對這一點立場模糊。畢竟剎那和紗羅只是想一起生活下去，而他們經歷了這麼多苦難之後，還願意留在對方身邊，的確沒有任何人能指責他們只是一時兒戲或受煽動迷惑。單純的愛情，並不一定牽涉生育、婚姻和家庭，因此我們至少可以說，兩人的愛並不是他們的罪過。當然，如果兩人的結合會傷到人的話（就如紗羅對莫麗羅 [40] 那樣），便得負起責任，正視「生命是由很多看不見的犧牲換回來的那份悲哀」。[41] 不過這就和亂倫沒有關係了。

4. 對終極價值的持續追尋

　　宗教與藝術、哲學一樣，本來都是因着人類對終極價值的觸動和摸索而生。因此，只要人類還有這種觸動和摸索，宗教就會繼續存在。以宗教為理性的對立面並企圖消滅它，反而並不理性。不過，宗教如果不能兼容創新的藝術精神和批判的哲學精神，便很容易成為僵固或壓迫的源頭。正如亞當伽蒙最後提醒世人，「這個世界是否沒有真正的善惡界線，是否沒有天國地獄，那個應該是由你們自己去找尋答案，即使今後縱然迷惘苦惱，也要繼續找尋下去」。[42]《天禁》描繪的，正是植根於人性但不放棄追求美善的華麗詩篇。其實結局中並非每個角色都得到幸福，但所有失落或缺失在無限宇宙中都有彌補的希望，祈求「終有一天我們會再次相見！相見於某地某時空，一定會有這一天⋯⋯」[43]

。權力的基礎：政教合一與政教分離。

政教合一的政府較專制，還是政教分離的政府較專制？《天使禁獵區》中階級森嚴的天界令人想起歐洲中世紀一度流行「君權神授」的思想，主張國王的權力來自上帝。當時採納此思想者多數認同專制政府。中國也有「天命」之說，認為統治者憑藉自身德行獲得上天授命，故名曰「天子」。古代中國的政治思想也多數認同社會階級的必要性。不過，這不代表脫離了上帝或天命的思想就會不專制。

在歐洲，契約論的始祖托馬斯·霍布斯（Thomas Hobbes，1588－1679）在其著作《利維坦》（*Leviathan*）[44] 提出，政府之成立有賴其成員的協定，並非上帝的旨意。由於大家同意成立政府，這份同意也就成為了政府的權力基礎。不過，霍布斯心目中的統治者應在其統治的領土內有「不可分割」的權力，而政府也有權大幅限制民眾的自由。也就是說，霍布斯認為，理性的人應該傾向支持專制的政府。理由之一，是政府只有這樣才能動員力量抵禦外敵，和消除社會成員之間的暴力和欺詐。如果我們想像一個國家經常要動員全體民眾投入戰爭，那麼紀律和服從的重要性的確有蓋過自由的可能。所以，愈是強調國與國之間，甚至人與人之間長期處於鬥爭狀態的，愈有可能認同霍布斯的想法。

中國同樣也有思想家提出放棄「天命」和「德行」等概念，而將政治獨立於倫理和宗教之外，如戰國晚期的韓非。他認為，政府之成立是因為善於掌握形勢者可以在人與人的算計之中佔上風，進而成為統治者。而民眾服從統治者，也是因為政府頒布的法令信賞必罰。除了耕戰外，民眾不應有「多餘」的文教活動，例如聚眾講學、批評時政等等。韓非的理論獲秦國採納為富國強兵之指導方針，而其思想也透過秦代政治深刻地影響後世。

◦道德的基礎：效益主義與義務論◦

霍布斯和韓非對政治的看法，也可應用於道德領域。若採霍布斯之看法，則道德就是遵從自己與其他社會成員的協定。韓非則更進一步，認為道德之談無助於社會。兩者着重實際之看法，又與較為理想主義的思想家不同。由邊沁（Jeremy Bentham，1748－1832）和彌爾（John Stuart Mill，1806－1873）倡導的效益主義，認為道德就是盡可能促進最多人的福祉。當我們面臨抉擇時，總是應該看看哪個抉擇的結果能對大多數人有利。因此效益主義一般歸為後果論（consequentialism）的一種。康德（Immanuel Kant，1724－1804）則認為人對自己及他人有基本義務，此即維持人的尊嚴，不得將人貶低為純工具。行為的後果固然重要，但不能蓋過基本義務。因此他的想法可歸為義務論（deontology）。

效益主義和義務論都是較近代的道德理論，着重樹立行為原則，判斷什麼行為可以做，什麼不可以。較古典的理論，則更着重人格的培養，以求人有道德判斷能力，能自然地做出正確的事。例如古希臘的亞里士多德（公元前四世紀）認為人是理性的動物，應依據理性而發展種種德性，此德性配合其它環境條件，便可成就圓滿快樂的人生。

1　何謂宗教？這當然是一個重大又富爭議的問題。宗教的定義方法粗略言之有兩種：一種視宗教爲某種社會現象，是有可觀察的形式和結構的東西。另一種視宗教爲某種心靈活動，是內省時才能接觸到的東西。前說的代表之一爲法國社會學家涂爾幹（Émile Durkheim，1858－1917），後說的代表之一爲德國神學家田立克（Paul Johannes Tillich，1886－1965）。涂爾幹認爲只要有「教義」（區分神聖和世俗的方法或指引）、「儀式」和「結社」三要素，即可謂之宗教。見 Émile Durkheim, *The Elementary Forms of Religious Life,* Karen E. Fields trans. (New York: The Free Press, 1995), pp. 21－44. 田立克則認爲宗教是內心的信念，不過不是一般的信念，而是「終極關懷」的信念。所謂終極關懷，即追求世間一切問題的最終答案。要獲得此答案，人必須完全投入和委身。見 Paul Johannes Tillich, *Dynamics of Faith* (New York: Harper and Row, 1957), pp. 1–8. 不論採取哪種定義方法，一神教只是宗教的一種。不過，本文的探討對象《天使禁獵區》很明顯採用了大量基督宗教的符號、意象和人物設計，故本文之宗教亦以基督宗教爲主。

2　〔日〕由貴香織里：《天使禁獵區》。香港：文化傳信，1996－2001 年。日文版原於 1994 年開始在白泉社的《花とゆめ》雜誌上連載，單行本於 1995 年至 2001 年出版。

3　薩弼（セヴォフタルタ）：白衣的獨裁者。原本身份是依藍（ライラ）。第 3 卷初登場，第 16 卷自殺身亡。本文之《天禁》人物名字及作品卷數、頁數乃依從香港文化傳信出版社的版本。

4　洛斯艾爾（ロシエル）：無機天使，繼承亞當伽蒙（アダム・カダモン）的力量。第 1 卷初登場，最終卷被有機天使雅蕾潔爾（アレクシエル）殺死，但靈魂留在神塔裏。

5　《天使禁獵區》，13 卷，頁 40－42、112－113、149、152－154、157－160、177。

6　同上，頁 117－122。

7　阿克頓（Lord Acton，1834－1902）：英籍歷史學家。

8　賽斐克（ザフィケル）：第 1 卷初登場時爲世界靈魂的首領。後來爲救利邢及完成自己的志願，被薩弼逮捕及判斬翅之刑。在第 14 卷時死去。

9　琦穆（カタン）：本來沒有身軀的精靈天使，獲洛斯艾爾賜予軀體。在第 1 卷解除洛斯艾爾的封印後，一直是洛斯艾爾唯一愛護着的天使，也是洛斯艾爾下屬中唯一愛

注釋

護着洛斯艾爾的天使。

10 《天使禁獵區》，18卷，頁108；19卷，頁20－21。

11 麥塔朗（メタトロン）：外表僅有數歲的天使。性格天真無邪、愛撒嬌。森塔朗的哥哥，封印森塔朗的鑰匙。第17卷被洛斯艾爾和撒旦設計殺死，但奇蹟地活了下來，後被人收養。

12 森塔朗（サンダルフォン）：能藉惡夢操控他人意識的天使。支配欲很強。麥塔朗的弟弟，沒有身體。第17卷被洛斯艾爾和撒旦設計殺死，但邪念一直附在紗羅身上，直至故事最後才被驅除。

13 《天使禁獵區》，17卷，頁179－184。

14 同上，20卷，頁108、129、141、150。

15 霍布斯（Thomas Hobbes，1588－1679）：英籍哲學家。以其政治哲學著作 *Leviathan* 聞名。

16 嵐傑（ラジエル）：賽斐克的兒子，初登場時是賽斐克的下屬，他和賽斐克均不知道雙方的親子關係。在第14卷含淚殺死身軀腐爛、理智喪失的賽斐克。

17 《天使禁獵區》，11卷，頁78、87。

18 同上，20卷，頁83－84、139。

19 同上，頁179。

20 同上，2卷，頁34。

21 同上，頁123。說出這句對白時，刹那正企圖割脈自殺，後得賽斐克所救。

22 同上，18卷，頁45－46。

23 同上，3卷，頁30－31。

24 同上，19卷，頁119－120。

25 宓璐玡（ベリアル）：在文化傳信的版本中又作密璐玡。形象源自《新約》中的惡魔彼列（Belial）。他在漫畫中乃地獄七君主之一，象徵傲慢。在天界時曾任磊琺的副官。傾慕着撒旦，是使蛾摩拉城（Gomorrah）墮落的元兇。在第10卷頁149的作者專欄中，作者云宓璐玡的身體是「中性的」。這點亦在第10卷頁170中由角色補充。

26 《天使禁獵區》，10卷，頁160。

27 同上，頁135－140。

28 同上，8卷，頁135。

29 同上，12卷，頁64。

漫畫與哲學

30 同上，頁 70。

31 撒旦，在天界時又名路聶菲洛（ルシフェル）。初見雅蕾潔爾時已愛上他，後來按照創世神的劇本成為地獄之王，但又秘密潛回天界。接着他的靈魂被封印在七刃劍中，並隨着雅蕾潔爾不斷轉世，直至以吉良朔夜（きらさくや）的身份遇上利那。

32 《天使禁獵區》，20 卷，頁 61。

33 同上，19 卷，頁 119－120。

34 同上，14 卷，頁 121。

35 同上，11 卷，頁 132。

36 同上，15 卷，頁 148。

37 同上，頁 150。

38 同上，20 卷，頁 195。

39 同上，3 卷，頁 71。

40 莫麗羅（リル）：又稱月神草。本來是精靈天使，後來被賦予軀體，紗羅更為他起名。雖然溫柔可愛，但個性單純。紗羅被薩剎監禁其間，曾以交換身份遊戲為由，借他的衣服出走。事後紗羅於心不忍，即使找到利那，仍決定回去面對莫麗羅。

41 《天使禁獵區》，20 卷，頁 199。

42 同上，頁 191。

43 同上，頁 195。

44 有趣的是，此書書名正是《聖經》中面目猙獰的大海怪的名字。霍布斯取此名，暗示國家猶如大海怪般強勢。

- 〔日〕　由貴香織里：《天使禁獵區》。香港：文化傳信，1996－2001 年。
- Émile Durkheim, *The Elementary Forms of Religious Life,* Karen E., trans. Fields (New York: The Free Press, 1995).
- Paul Johannes Tillich, *Dynamics of Faith* (New York: Harper and Row, 1957).

參考資料

《龍》的烏托邦思想

——趙子明

英國作家湯馬士・莫爾（Thomas More）於1516年用拉丁文發表了一本名為《烏托邦》（*Utopia*）的小說。這是「烏托邦」一詞首次出現於西方社會。小說提到一個虛構的島國，它具備了莫爾心目中理想社會應有的政治、經濟、宗教、法律和社會結構。與其他探討理想社會的諸多理論或小說作品不同，莫爾討論「烏托邦」的時候，明確指出其理想社會並非真實的存在。借用莫爾的想法，我們把那些探討理想社會，而且自覺地意識到它是虛構、非真實存在的想法稱為「烏托邦思想」。西方文化中不乏展現這類想法的好例子。培根（Francis Bacon）於1627年出版的《新

亞特蘭提斯》（*New Atlantis*）一書，當中就展現了「烏托邦思想」。二十世紀初，威爾斯（H. G. Wells）在《一個現代烏托邦》（*A Modern Utopia*）這本書中也表現出類似的想法。中國人講的「世外桃源」，顯然也是典型的例子。

　　日本動漫作品的內容涵蓋非常廣泛的題材。當中既有輕鬆幽默的消閒小品，又不乏發人深省的嚴肅之作。其中當然也有涉及探討「烏托邦」的創作。《仁醫》的作者村上紀香曾經寫過一套名為《龍》[1]（*Ron*）的長篇漫畫。讀者在閱讀漫畫的過程中，會通過作者巧妙的佈局，順着一連串曾經真實發生的歷史事件，與經歷戲劇性遭遇的虛構人物一同思考有關「國家」、「民族」等嚴肅課題。有些讀者可能會認同書中角色對狹隘民族主義的批評，另一些讀者卻可能對某些人物為「（偽）滿洲國」、「大東亞共榮圈」提出辯護而感到不滿。然而，作者嘗試通過《龍》的故事提出一種「烏托邦思想」，並試圖引領讀者反思與之相關的問題，我認為是非常明確的。到底來自不同國家、民族的個體是否可以拋開自己過往的經歷，克服民族、語言等差異，廓然大公地按照理性、道義來組織理想的社會？這是其中一個貫穿全書情節的重要問題。

1. 烏托邦的理想和現實

　　要求個體遵循純粹理性的法則來思考，並且在行動上唯理是從，這很可能是啟蒙哲學家致力追求的共法。然而，十八世紀的浪漫主義者卻力圖指出：這種把民族、語言差異、社會文

化完全過濾之後才能得到的純粹理性，其實只存在於抽象理論中；我們其實不應該用它來理解，甚至指導人類歷史文化的發展。基於這種想法，德國哲學家赫爾德（J. G. von Herder）建立了一套帶有民族主義色彩的理論，可以作為理解《龍》的另類參考。借助赫爾德理論為對照，再回過頭來觀察故事主角和作者敘述故事時在觀點上出現的差異，我認為可以揭示一些隱藏在敘述中的重要信息。

2. 夢想中的理想國

漫畫《龍》描述的故事主要覆蓋 1931 年至 1945 年的時段，其中有極大篇幅以中國東北地區為劇中人物生活的場地。熟悉歷史的讀者都知道，其間中日戰爭爆發，日本人擁立溥儀為帝，嘗試通過「滿洲國」的名義管治中國東北三省地區。然而，「滿洲國」從來不曾全面被世界認可，其疆界也不曾廣泛地出現在世界地圖上。漫畫所描寫的「滿洲國」自始就是似有若無的存在。作者繪畫《龍》的時候，即使是在日本人編製的地圖上，亦再也找不到「滿洲國」的蹤跡了。如果漫畫進一步把它描述為理想國，並且反覆探討組織此理想國的條件，以及治理它的原則等等，那麼我們就有充分理據把《龍》視為表現「烏托邦思想」的作品。[2]

事實上，我們可以輕易從漫畫中找到充分的證據。《龍》的男女主角先後抵達「滿洲國」生活，分別遇上曲折離奇的遭遇。直至故事尾聲，日本戰敗了，他們就跟隨居住在當地的日本人

一起撤離。漫畫情節豐富、人物眾多，其中主要的情節都跟「滿洲國」有關。讀者自然而然就會通過劇中人物的遭遇，看到他們眼中的「滿洲國」，跟他們一起思考籌建「滿洲國」的大計。通過作者的悉心安排，我們必然會通過劇中人物的角度，看到「滿洲國」的理想一面。

我們首先隨着主角押小路龍從京都到達「滿洲國」，目的是要在那裏「將大滿洲航空培育成一個出色的公司」。[3] 押小路集團富甲一方，原本由主角的叔父押小路卓磨任統帥。這位高瞻遠矚的財閥看準了時勢，認識到航空業將會是東北亞地區重要的運輸關鍵，所以一早就跟中國方面取得理解和協助，計劃建立大滿洲航空公司。豈料計劃行將落實之時，發生了「滿洲事變」。關東軍介入中國東北地區事務，成為籌建「滿洲國」的主導者。押小路龍臨危受命，負責代表財團和軍方交涉，要趁建立「滿洲國」的時機，和「滿人」合資設立航空公司，以免計劃被破壞，致使財團陷入危機。

這是押小路龍生命中首次跟「滿洲國」相遇，也是書中第一次正面表達「烏托邦思想」的重要段落。在與軍方交涉的過程中，押小路龍遇上了關東軍的參謀石原莞爾；而我們則在此過程中聽到了石原莞爾[4]的心聲：「長久以來，我付出所有的心血，擬定計劃……最後利用一些手段，才使滿洲國誕生。而這次我的夢想，就是要讓這滿洲國成為東亞民族的理想國。」[5] 在這段虛構的獨白中，一方面提到「滿洲國」被視為跨民族的理想國；另一方面，也把石原莞爾理解為策劃「滿洲事變」的主謀，因而這個崇高計劃的起點看來帶有不正當的元素。

作者把近似的想法同時放入男主角的思慮中。押小路龍明

確地知道「滿洲國」未被歐美列強承認，未曾成為真正被承認的國家；但是，他確信通過不懈的奮鬥，有希望在五至十年之後，打破外交上完全孤立的狀態，開辦國際民航航線，讓每個人都能夠由「滿洲國」乘搭快捷的客機到世界各地旅行。「我希望大滿洲航空並不只是日本和滿洲的國策公司，而是一個對亞洲、歐洲及美國開啟定期航線的公司。當然，這是以旅客為中心，而非貨物。然後使滿洲成為世界中，開啟大門的國家。」[6]對他來說，大滿洲航空公司是「滿洲國」的縮影。假如航空公司的理想得到實現，「滿洲國」就不再孤立了。僅當全世界的人都看到開放門戶的「滿洲國」，才能使人不再懷疑它是日本人的傀儡政府。這樣，一個本來虛假、似有若無的存在，就會變成光彩奪目、被世人稱許的理想國。

假如大滿洲航空公司是理想國的縮影，那麼籌建航空公司的原則就應該同時成為籌建理想國的原則。年少輕狂的押小路龍有自己的答案：「我並不是想建立一個氣氛和睦的公司，我相信只要彼此都很正直，時間久了，自會漸漸融洽。」[7]故事伊始，他與人結交就從來不計較對方的種族、國籍或階級。他的好朋友包括藝妓、乞丐、僧人和異見份子等等。知道自己是日中混血兒的押小路龍又曾經結交留居日本的朝鮮族人，甚至甘願為他們拼命化解朝鮮人與日本人之間的衝突。在建立航空公司的過程中，他固然任用了日本企業家、外交家和工程師，然而，他也破格選用了中國留學生和日本流氓。在押小路龍眼中，人與人的交往貴乎道義，其他一切皆屬次要。根據他的觀點，當一群正直的人被放到某個計劃之中，只要計劃既合理，又有價值，這些人必定能慢慢融合，協力辦事。在此過程中，

貧富、智愚、民族、語言等差異或許會構成障礙，但這正好是要被磨平的地方，而不是要被加強的元素。押小路龍對協助他的中國朋友說：「我……不是為國家，也不是為公司，只是為了人去做想做的事！」[8]

按此類推，無論是創辦大滿洲航空公司也好，抑或建立「滿洲國」也好，只要努力向着對人類有普世價值的目標邁進，而且堅持只用合道義的手段行事的話，即使這些計劃在啟動時被人詬病、被人視為虛妄，但終究會有明白事理的人認同其理想，甚至願意跟他們一起奮鬥。我認為這就是貫穿全書的「烏托邦思想」。

3. 借助權力建立的理想國

押小路龍堅持以這種重視道義、以人為本的方針經營航空公司，很快就贏得部下的尊敬，使航空公司業務迅速發展起來。於他而言，實現有普世價值的理想毫無疑問高於維護押小路財團的利益，也高於爭取日本一國之利。他不分種族階級的處事手法，令航空公司中「滿系」的資本家全心全意支持他。所以，當財團受到外來壓力，要罷免他航空公司顧問職位的時候，他甚至想過讓航空公司脫離財團獨立，而且更取得過半數股東的支持，致使撤職一事作罷。[9]

然而，這種行事原則卻必然會觸怒當權者、野心家及民族主義者。後來，他因為捲入「黃龍玉璧」的爭奪戰而被日本特別高等警察（簡稱「特高」）拘捕。在特高逼供的過程中，他為

了要救朝鮮好友金順永一命而從拘留所越押逃亡。[10] 幸好他一向廣施恩澤，在乞丐組織首領五條爺爺及一眾好友的幫助下，他最後決定與金順永一起偷渡往中國。越獄、偷渡本來是非法行為，但考慮到無辜的金順永受強權逼害，以及「黃龍玉璧」落入野心家手中會引發毀滅全人類的災難，在逼不得已的情況下，他選擇了權宜行事。

經過險死還生、短暫失憶的遭遇之後，日中混血兒押小路龍以李龍的身份在中國生活，繼續追查「黃龍玉璧」的下落。我們隨着李龍再次抵達「滿洲國」，來到被人稱為「滿洲國暗夜支配者」的甘粕正彥面前。[11] 在中國生活了好幾年的李龍滿帶唏噓地說：「當我還是日本人的時候，也曾深信總有一天，可將滿洲國建立成一個五族和諧、王道樂土的國家，然而，當我成為中國人之後，我終於了解，這個國家是假的。」聽到這樣尖銳的批評，甘粕正彥的回應非常簡潔。他說自己奮鬥的目的就在於要把「假的變成真」。[12]

在逃離日本之前，押小路龍已經明白到當權者不會輕易讓他實現理想；而在中國生活的年月裏，李龍則從另一個角度來理解日本政府建立「滿洲國」的計劃。他曾經目睹關東軍高壓管治的手段，也曾經遇到軍醫拿「滿洲國」當作人體實驗場。他跟中國人一樣鄙視這些罪行，也不再認為建立理想國的夢想有可能實現。然而，甘粕正彥的出現，似乎讓他重新看到一點希望。這個有能力與關東軍周旋的強者似乎跟他有相似的理想。他當年為了惠及世界的航空夢，曾經不惜讓航空公司脫離財團而獨立。眼前的甘粕正彥則不惜違逆他對日本政府的忠誠，矢志把被世人認定為傀儡政權的「偽滿洲國」變成一個真

正五族和諧的獨立國家，變成世人喜愛的「王道樂土」。李龍對甘粕正彥改觀了，並且願意審慎地跟他合作，為世界和平努力。

就這樣，深藏於李龍內心深處的「烏托邦思想」，隨着甘粕正彥的出現而被喚醒了。再次正面地出現在故事中的「烏托邦思想」明顯加入了權力的元素。到底來自不同國家、民族的個體是否可以廓然大公地按照理性、道義來組織理想的社會？李龍跟押小路龍的答案同樣是肯定的。不過，由於建立具普世價值理想的過程很可能會跟特殊的利益群體發生衝突，因此，這些本着道義去實現計劃的人，必須有某種權力作為後盾，以保障他們能夠開展計劃，否則一切只屬空談。對於李龍來說，這種權力（甚至是武裝力量）當然有可能來自某個特殊的利益集團，但是，只要我們把它用於建立具備普世價值的理想 —— 例如確保世界和平或者免除人類滅亡之類 —— 仍然可算是合理和正當的使用。所以，這種從屬於普遍人類理性的權力也必須抽離於民族、國家、財團的利益之外。

4. 民族意識與烏托邦

甘粕正彥全心全意輔助溥儀，除了為溥儀提供政治上的建議之外，他也計劃通過滿洲電影協會（簡稱「滿映」）拍攝的電影來讓「滿人」找到自己的國家認同。他親自接管滿映，擔任理事長，短期目的是製作出讓「滿人」感興趣的娛樂電影，長遠目的則在於「要創造出讓滿人打從心裏支持的真正國家」。[13]甘粕正彥把拍攝優秀電影的重任放在女主角田鶴貞的肩上。無

論從拍攝電影的過程，抑或是影片內容來看，都傳遞了跟「烏托邦思想」息息相關的信息。[14]

田鶴貞初到滿映工作的時候，「滿人」把其公司拍攝的電影稱為「對不起電影」，又或者暗地裏叫它們做「和臭」。雖然演員全部是「滿人」，但編劇、導演和攝影師卻全是日本人。更甚的是，滿映公司裏幾乎沒有日本人會講中文。日本編劇把對白生硬地譯成中文，演員講對白時頻繁地用「對不起」開頭，因此電影充斥着日本味，而無法感動當地人。田鶴貞能夠操流利的中文跟「滿人」溝通，造就了她日後成功的優勢。針對上述問題，她在製作自己第一部電影時，把編劇和攝製工作都開放給「滿人」參與。除此之外，她本人更為了創作劇本而在「滿人」生活的地方留宿，跟有志於改革滿映的年輕電影人一起趕寫劇本。按當時的局勢來說，這是一件要冒生命危險的事。

她創作的第一套電影名為《狼爭虎鬥》，是以「滿洲國」村落為背景的武俠片。劇中主角林力是個外地人。為了追求武學理想，他來到村裏拜曾經叱咤武林、現在已經年邁歸隱的雲松老師傅為師。眼看凶悍的匪賊經常騷擾當地村民，林力激於義憤，率眾抵抗。他教村民習武，又幫他們組織自衛隊。最後，他甚至為了村民而跟武功高強的匪賊首領展開捨死忘生的血戰。細看《狼爭虎鬥》的故事，不難發現它的隱喻結構：懷抱理想的日本人，出於對曾經叱咤一時的滿清的尊敬，由日本來到「滿洲國」求道，卻發現滿清已經垂垂老矣，而且其國民飽受西歐殖民者（尤其是俄羅斯）如狼似虎的侵略。日本人激於義憤，為當地人拼命抗擊入侵者，並且嘗試訓練、組織當地百姓，使大家有足夠力量保衛家園，一起組織跨越種族界限的理

想社會。

　本書又一次通過田鶴貞的角度表達了「烏托邦思想」。女主角身體力行，組成了日滿衷誠合作的製作團隊。《狼爭虎鬥》在試映會上贏盡滿映工作人員的心，同時更讓甘粕正彥等認同「烏托邦思想」的評審對它充滿期望。他們固然希望憑藉「滿人」喜歡的武俠題材吸引大量觀眾，使滿映的製作擺脫「對不起電影」的稱號；但他們更大的期望，卻是通過電影傳遞的信息來加強觀眾對「滿洲國」的認同。然而，甘粕正彥畢竟比田鶴貞花費了更多時間來思考有關國家認同的問題。在肯定《狼爭虎鬥》的價值之餘，他也預見了電影會帶來的負面影響。他認為電影故事推崇中國的武俠精神，這點很有可能會喚醒當地人「沉睡中的民族意識」。[15] 事情的後續發展證實他的擔憂不無道理。電影推出後不單創出票房紀錄，而且好評如潮。更厲害的是，這部電影在「滿洲國」掀起了功夫熱。表面上看，電影成功完成了使命，但由於暗中習武練拳的人急速增加，關東軍擔憂這些人會組織對政權不利的團體，因此電影一度遭當局禁映。

　對於要征服別國的殖民主義者來說，殖民地中出現復甦的民族意識當然不利於管治。為了防止民族意醞釀出反抗政權的團體，他們會用盡各種手段遏止被管治者對其文化傳統的認同。強逼當地人學習和使用殖民者的語言來溝通，逐步清拆象徵當地傳統文化的建築物，並以有殖民者民族色彩的建築取而代之，這些都是我們經常看到的手段。斯大林（Stalin）在蘇聯獲得的德國領土之上，就用盡全力推行「去德國化」的政策。哲學家康德的故居哥尼斯堡（Königsberg）於 1945 年落入蘇聯手中，結果市中心內幾乎所有德國式建築都被移為平地。如果

我們認為這種所作所為不合公義的話，那麼就意味着，即使在戰爭中失利的國家也有理由保護自己的傳統文化，有權繼續使用自己的語言，以及繼續提倡對傳統文化的認同。

然而，當我們翻閱史冊，民族主義在過去幾個世紀儼然是一把兩刃劍。它很多時是對抗殖民者、團結地方力量，以及捍衛國家主權的利器；但在另一些情況下，它卻是排斥異文化，窒礙不同民族溝通融合，甚至拒絕接受普世價值的藉口。納粹主義引發的民族屠殺、美國三 K 黨員對有色人種的歧視和戕害，都是令人齒冷的例子。即使在人權意識高揚的歐洲，近期也因為恐怖主義襲擊及大批非洲、近東難民湧入，引發了狹隘民族主義勢力的復甦。

我們曾經指出，押小路龍等人認為理性是普遍的，而且我們能夠借助它構想出所有人都認同的理想社會，並且單純地按照理性、道義來組織一個有普世價值的理想國。對他們來說，狹隘的民族主義固然有害而無益；即使人們只不過喜愛強調某些特定民族文化的元素，也未必有利於建立理想社會。因為當人愈認同個別民族的歷史文化，就愈容易陷入特定的觀點當中，從而難於擺脫來自其民族、歷史和傳統文化的局限。囿於這些局限，人就難以廓清與其民族利害相關的思考，難以按照純粹的理性思考來行事。據此而論，押小路龍等人心目中那個「五族」和諧的國家，最終必然是一個「去民族化」的國家。如果地球上在其他地方，或者在其他時期產生另一個理想國，它應該也會跟他們心目中的理想國有相同的制度，而生活在其中的公民，不論是來自歐亞美非的人種，應該會一致地追求同一種合乎人類理性期望的理想生活。

5. 赫爾德對「純粹理性」的質疑

　　相信世間有普世認同的美善生活，而且相信只需借助純粹理性就可以讓不同民族、不同階層的人認識這些普世價值，並且自願接受理性的約束，去實現相應的社會制度。這種反覆盤旋在押小路龍等人心目中的「烏托邦思想」，其實也是西方自柏拉圖以來，大部分強調理性的思想家共同抱持的想法。活躍於十七世紀末至十八世紀初的啟蒙主義者受此想法的影響尤其顯著。他們甚至認為通過理性的思考，人類必定能夠找到各種問題的解答 —— 真理是什麼？善惡、美醜的標準何在？何謂公正？我們到底應該如何生活？這些長久以來困擾着我們的重要問題，只要通過像數學和邏輯那樣有系統的哲學分析，最終定能找到全人類一致同意、再無爭議的答案。到時候，我們只須要依據這些答案來組織社會，就可以避免戰爭、剝削、貧病無依等悲劇。二十世紀的英國哲學家以賽亞‧柏林（Isaiah Berlin）曾經在《浪漫主義的根源》（*The Roots of Romanticism*）一書中明確地說，啟蒙主義者這種想法明顯有「烏托邦思想」的意味：「邏輯上，正確的觀點之間是不會互相矛盾的。如果所有真命題原則上都可以被發現，那麼接下來就是對於一個理想世界的描述 —— 一個烏托邦，如果你想這樣稱呼它的話，一個可以被所有嚴肅問題的正確答案描述出來的烏托邦。」[16]

　　值得注意的是，這種想法預設不同的人通過理性分析而獲得的答案之間並無矛盾，而且互相兼容，甚至是互相涵蘊的。押小路龍認為正直的人為了同一理想可以漸漸融合，其實也建基於這個重要的預設。然而，正當啟蒙主義發展如日方中的時

候，有些哲學家卻開始對這個預設提出了猛烈的批評。

　　德國哲學家赫爾德肯定是這些被冠以「反純粹理性」、「反啟蒙」、「浪漫主義」標籤的思想家當中的重要代表人物。赫爾德於 1744 年出生在東普魯士的哥尼斯堡，是康德的同代人。他跟康德最大的分歧就在於他並不接受上述預設。我們可以把赫爾德的論證扼要地概括如下：典章制度是人類群體合力創造的文化產物。由於不同群體具備相異的「民族性格」（folk-character），因此他們所追求的美善生活、所嚮往的理想社會在內容上會受其傳統文化影響而有差異。這些差異理論上未必兼容，而從人類歷史發展來看，不同民族心目中的理想社會事實上也有無法妥協的地方。所以，赫爾德認為啟蒙主義者的構想是錯誤的。

　　進一步說，赫爾德認為人生活在特定的文化傳統當中，我們生活的世界是由我們跟自己所屬的群體合力創造出來的。一般人當然會意識到民歌、土風舞、書畫、詩詞等是人群創造的文化產物，但人們卻往往忽略了語言、法律制度，以及我們在生活上運用的其他行為準則，其實也是群體創造的產物。我們通過由群體創造的語言來思考、與人交流，也按照群體創造的典章制度來解決生活所需。對於赫爾德來說，自然而然地存在的人並不像英國哲學家霍布斯（Thomas Hobbes）所說的那樣，是一些孤獨、自利的個體。即使在原始社會中，每個人都歸屬於某一個特定的群體，生活於這個群體合力創造出來、帶有特殊民族性格的世界當中。

　　當赫爾德提到「民族」（folk, nation）這個概念的時候，他既沒有用「血緣」為民族的標準，也沒有用「種族」為標準，但卻把語言視為構成民族性格的關鍵。從其觀點來看，無論是

大文豪的文學鉅著，抑或佚名的民歌、傳說，都包含着每個民族與別不同之處，甚至是其民族性格最鮮明的表現。換句話說，最能表現民族性格的文化產物，就是該民族成員共同使用的語言。各民族會因應生活所需選擇自己着重的觀念，再通過各種語言手段使這些觀念成形，固定在自己的文化傳統當中。通過口耳相傳的民謠、民間故事，以及數量可觀的典故、成語和比喻，群體中的成員自小就能受到傳統文化的薰陶。只要人學會運用語言來溝通，就能藉此吸收各式各樣的概念。從另一個角度來說，民族性格就這樣通過共同語言代代相傳。經過漫長的歲月，不同群體在語言、風俗習慣、社會制度上自然而然地出現分歧。由於各自的特殊歷史傳統，他們就逐漸演變成具有不同精神面貌的民族。

　　如果赫爾德的觀點成立，那麼當人構思美善生活，又或者計劃籌建理想國的時候，就必然會通過其民族語言而受到潛藏在語言背後的傳統文化影響。從理論上看，除非我們同意探討美善生活（或者構思理想社會制度）這類課題跟我們探討數學邏輯問題的性質沒有分別，否則我們根本無法把討論從具體的歷史文化脈絡中抽離，而只滿足於形式的、原則性的結論。從歷史事實方面看，柏拉圖心目中的「理想國」跟莫爾在《烏托邦》中描述的理想社會差異極大，而且兩者在制度上也難以兼容。所以，赫爾德認為在討論歷史文化問題的時候，我們不應該強調抽離於民族性格、文化傳統的「純粹理性」。對他來說，我們應該放棄啟蒙哲學家的想法：「……哲學家們從經驗而知人生的由來和情狀，也能追索人類歷史發展的整個鏈條，我以為他們理應拋棄假想的理想世界 —— 這個世界中他們自以為完全

獨立、自主自足 —— 而立刻回到我們的真實世界中來，因為歷史的一切都在提醒他們：我們是要依賴別的東西。」[17]

人類歷史上當然曾經出現過不同民族互相融合的成功例子，但是，我們也知道不少打着崇高理想旗幟的民族清洗運動。當兩個民族相遇的時候，是否真的可以漸漸融合，這個問題的答案並不能坐在安樂椅上推算出來，而是要人用眼睛去觀察的歷史事實。人需要長期學習才能理解異民族的文化傳統，因此，真正互相尊重的民族融合不可能在短時間內達至。赫爾德最反對國力強大的民族利用暴力、強制的手段去侵吞其他文化。他強烈地批評歐洲殖民者企圖歐化印度與中國的行為，認為這些行為會抹殺東方民族獨特的民族性格。根據他的理論，每種不同的民族特色，對全體人類而言都是無價寶。

基於這種想法，赫爾德的理論總帶着強調民族的色彩，正好跟我們在《龍》裏面看到的「烏托邦思想」南轅北轍，形成強烈的對照。如果我們以赫爾德的理論為參考，再回過頭來看漫畫的結局，我認為讀者一定會發現，故事主角堅持的信念跟作者流露的想法有明顯差異。押小路龍等主角由始至終都堅持他們的「烏托邦思想」，但作者說故事的時候卻總在有意無意之間顯露出赫爾德思想的色彩。

6. 主角與說故事者眼中的烏托邦

從赫爾德的角度來看，電影《狼爭虎鬥》之所以獲得空前的成功，在於田鶴貞是滿映第一個懂得尊重「滿人」文化傳統

的導演。她懂得挑選當地傳統文化中的武俠元素來寫故事，又能夠直接用中文來寫對白，並能通過電影向觀眾巧妙地表達日本人的想法。田鶴貞能夠成功完成這些任務，關鍵在於她懂得當地人的語言，同時敢於走入他們的生活圈子去學習和做研究。由於電影植根於當地的文化傳統，所以它喚醒觀眾的民族意識是最自然不過的事。至於關東軍高層下令禁止《狼爭虎鬥》上映，則是對這件寶貴的文化產物最不合理、最壞的處理。不過，這種按照赫爾德理論推論出來的想法卻仍然跟甘粕正彥和田鶴貞所堅信的「烏托邦思想」有分別。

雖然甘粕正彥不像關東軍那樣要打壓和摧毀「滿人」的傳統文化，但是，他也認為田鶴貞選用「以武俠精神去對抗共同敵人」這個主題來表達日滿融合的信息，其實並非最佳選擇。因為對那些民族主義者來說，所有日本人都是外敵。他們必定會利用這套電影來宣傳「抗日」信息，阻礙有理想的人落實「五族和諧」的大計。因此，甘粕正彥希望田鶴貞能夠創作另一部更出色的電影，讓「滿人」更具體、更準確地理解他們心目中的理想社會。

四年後，時機終於來臨了。當時第二次世界大戰接近尾聲，已為人母的田鶴貞，因為胞弟在前線陣亡而深刻地感受到喪親之痛。另一方面，在「滿洲國」生活了好幾年的她，切身體會到人類有些普遍共通的情感——不論是哪一個民族的人，都總會愛護對自己有情有義的人。所以，她決心要拍出一部能「撼動人心」的電影。簡言之，田鶴貞計劃用「情義」取代「鬥爭」作為第二部電影的主題。

田鶴貞創作的第二部電影名為《人販子》。電影情節是這樣的：善良的人販子王丹打算結束買賣小孩的生意，決心幫助身

邊最後一個小孩雲龍找回自己的親生父母。據他所知，雲龍是被拐帶的兒童，他的親生父母很有錢，不過住在很遠的地方。王丹希望把雲龍送回家，在其父母手上撈一筆，然後退休。一路上，王丹傳授雲龍不少技藝，兩人相依為命，靠賣藝過活。經過漫長的旅程，雲龍終於找到父母的住處；可是，原來雲龍只是他們從人販子手中買回來的養子。他們根本早已放棄了他。儘管王丹為雲龍奔波勞累而拖垮了身子，但因為兩人長期過着相親相愛的日子而產生了情義，所以，他希望臨死之前為雲龍找一戶好人家，讓他過幸福的生活。但送走雲龍之後，王丹卻又天天站在路口，期盼着他回來。有一天，正當紅日西沉的時分，雲龍在殷紅如血的夕陽下回來了！他不但自願陪伴王丹過其餘生，而且更誓言彼此要成為永遠的親人。

雖然這部電影的隱喻結構不像《狼爭虎鬥》那般簡單直接，但是，故事要表達的主要信息卻非常清晰：日本人好像王丹一樣，利用當時合法，但在道德上有爭議的方式成為「滿洲國」的監護人。開始的時候，可能他們的確是為了利益而來，不過，他們本着善意向「滿人」傳授了不少有價值的技術，建造了各式各樣的設施 —— 其中當然包括從荒涼之地建立的滿映公司，以及為此公司培養的傑出電影製作人員。日本為了「滿洲國」負傷累累，而且現在即將戰敗，要跟「滿洲國」分開了；但是，只要日滿雙方感受到彼此之間的情義，就能打破隔閡，永遠和洽地生活。

田鶴貞無論在電影內外，都貫徹地表達了這種情理兼備的思想。為了創作《人販子》，她重新組織日滿協力的製作隊，自己再次住進「滿人」生活的區域去寫劇本。追求完美的她更不惜親身前往當地人販子的工作地點，去做實地考察。後來，

她甚至買下一個被人販子稱為「糞土」的小孩。田鶴貞收養了這個可憐的男孩，教他各種電影知識，並訓練他成為電影的主角。這個易名為「雲龍」的男童得到了田鶴貞跨民族的大愛，不單學到有用的技能，同時還重新獲得過幸福生活的機會，可以跟田鶴貞一家成為永遠的親人。

通過這些與「人販子」相關的故事情節，女主角再次表達了一種「烏托邦思想」。這是書中第四次，也是最後一次正面探討「烏托邦思想」的段落。我們看到，原先單純以理性思考為主導的「烏托邦思想」有其理論上的弊病。如果我們要建立五族和諧的理想社會，就絕不能忽略人與人的情感關係。情感關係跟理性分析不一樣，它絕不是一個人孤立地、單方面就可以證立的抽象概念。情感關係需要他人的配合；它講究合適的處境，同時要在充足的時間中醞釀。不過，既然人能夠通過理性認識具有普世價值的理想，而且又能夠通過情感培養跨民族的互愛關係，那麼只要一群理性的人具備充足的時間去培養其情義，他們就有可能建立和諧的理想社會。

當我們在「烏托邦思想」中注入情感元素的時候，它就不可能是非時間性、非歷史性的抽象思維了。然而，這種強調情理兼備的「烏托邦思想」跟赫爾德的理論仍然有重要的分別。田鶴貞仍在追尋人性中普遍共同的情感，而且她仍然認為特定的歷史文化背景是我們要努力克服的東西。押小路龍和田鶴貞兩位男女主角，以及全力支持他們追求理想的甘粕正彥，三個人物全都堅信只要時間許可，正直的人一定可以通過情理兼備的溝通漸漸融合，一起過理想生活，彼此不會在「理想生活」的問題上出現互不相容、無法克服的矛盾。我認為「烏托邦思想」跟赫爾德理論

最重要的分別，就在於前者不接受不同人的理想生活有可能是互不兼容的。雖然故事主角曾經四度修訂他們的「烏托邦思想」，但這個被啟蒙哲學家廣泛接受的假設卻始終沒有動搖過。

然而，故事主角堅持「烏托邦思想」是一回事，說故事者所抱持的信念卻是另一回事。隨着故事趨近尾聲，作者述說故事的觀點跟「烏托邦思想」的分歧就愈明顯。我們甚至有理由說，其觀點的赫爾德色彩似乎愈來愈強烈。

7. 肯定傳統文化的影響

故事進入末段，押小路龍憑着勇氣和毅力，加上甘粕正彥暗中幫助，終於在同胞兄弟鳳花手中奪回「黃龍玉璧」。龍鳳兄弟本是雙生兒，兩人有近乎相同的天賦，並且各自通過努力練得一身本領，成為領導群雄的領袖。成長於「紅龍」這個滿清王朝秘密組織的鳳花，自幼被訓練成唯命是從的殺手，要學習使用各種陰謀詭計來達成任務。接任首領職務之後，鳳花甚至為了替組織尋找「黃龍玉璧」而不惜親手弒父。這個滿清遺民，跟成長於京都、自小受日本武士道薰陶的押小路龍有截然不同的性格。鳳花陰沉偏執，行事違背常理，兼且冷酷無情。在作者的敘述中，兄弟二人之所以命運迥異，主因當然在於押小路龍行事情理兼備而鳳花行事不合情理。這兩個角色構成了鮮明的對立，而這種「情理兼備／不合情理」的二元對立其實是貫穿全書的理論骨幹。然而，兩人之所以會養成不同的行事原則，其實不能完全抽離於他們成長的文化傳統來理解。作者

利用稟賦接近相同的孿生兄弟來構造這種二元對立，似乎不是偶然的選擇。假設押小路龍跟其弟易地而處，在滿清文化薰陶下，雖然他理論上仍可憑個人的理性思考，擺脫「紅龍」組織灌輸給他的價值觀（她母親就是好例子）；但是，誰也不能確保他不會成為另一個鳳花。作者在敘述鳳花的悲劇命運時，亦不時流露出自己對其成長背景的貶抑之意。由此可見，作者其實對傳統所起的作用予以較強的肯定。

這一點我們可以從作者對另外兩位主角的敘述中得到進一步的證明。早在《人販子》的試映會上，甘粕正彥就對這部電影讚不絕口了。可惜由於局勢急轉直下，他根本無法安排它上映。他把這部電影的膠卷視為滿映的無價之寶，珍而重之。當知道蘇聯軍隊即將南下，而溥儀竟然自己逃離「滿洲國」首都的時候，甘粕正彥決定要盡守城軍人之義，保護日本僑民撤退回日本，然後自殺殉「國」。在自盡的前夕，他把《人販子》的膠卷交給田鶴貞，協助她舉家乘坐專用飛機撤離當地，同時囑託她把這部象徵理想社會的影片，以及押小路龍手上那面足以毀滅全人類的「黃龍玉璧」一併帶到敵人找不到的地方。這位日本人不單比起「滿人」溥儀更明白「滿洲國」的普世價值，而且更用盡一切力量使象徵人類理想社會的《人販子》得以保存，希望它成為「滿洲國」留給後世的寶物。相比起來，滿清王朝傳統珍而重之的「寶物」卻只是象徵君王權力、足以毀滅人類的放射性物質。甘粕正彥跟溥儀的對照本來也在於突出「情理兼備／不合情理」的二元對立。然而，通過作者的敘述，讀者會自然而然地覺得這位被稱為「滿洲國暗夜支配者」的日本人其實更配當「滿洲國」的國王，而溥儀和「黃龍玉璧」所代

表的文化傳統，實在是太差勁了。

　　接下來，田鶴貞也巾幗不讓鬚眉，展現出人性的光輝。她沒有利用特權返回日本，反而決定帶同兒女隨丈夫亡命天涯，全家同生共死、不再分離。這位擁有跨民族大愛的母親，從來都沒有把養子雲龍視為外人。危難當前，她也打算帶他一起離開險境。然而，雲龍這個早熟、自卑感重的男孩卻從來沒有忘記自己只是日本人收養的「糞土」。因為在複雜的社會下成長，所以他永遠對人充滿懷疑。起初，雲龍懷疑田鶴貞只不過利用他拍電影；當電影完成之後，就會把他棄若敝屣。為此，他不惜破壞拍攝計劃，讓自己能夠繼續留在她身邊。當日本人開始撤離「滿洲國」的時候，他又怕養母跟丈夫相遇後會把自己這個「滿人」丟下不管。為了防止發生這樣的事情，他甚至想利用日本特高頭目日影課長去拘捕押小路龍，使田鶴貞一家滯留當地，繼續跟自己生活在一起。及至計劃失敗，這個小孩竟然煽動路人的反日情緒，把日影當街活活打死。雖然雲龍最終知道養母確實真心愛護自己，但自慚形穢的他無法面對這一家有情有義的人，而且也不願意跟隨日本人離開家鄉。因此，他在最後一刻決定離開他們，自己獨自留下。雲龍長大後去了香港，並且成為擁有幾家大企業（可能也包括電影公司）的鉅富。終其一生，他無法忘記讓自己重獲生命意義的養母田鶴貞。雖然如此，女導演田鶴貞卻始終未能像「人販子」的王丹那樣跟養子共度餘生，成為永遠的親人。在作者的敘述中，美滿的結局似乎只出現在電影世界中的烏托邦。即使田鶴貞本着其「烏托邦思想」對待雲龍，但要用情義消除後者的陋習，讓他抽掉深植於其民族土壤中的根，實在談何容易啊！

通過上述三組對照，作者反覆向讀者傳達了構成故事骨幹的二元對立。然而，在作者的敘述當中，「滿人」的文化傳統總被放在「不合情理」一方，而且似乎要為「滿洲國」理想幻滅負上不輕的責任。隨着日本戰敗，建立「滿洲國」的理想終告幻滅。這個理想計劃之所以幻滅，除了歸咎於各國（包括以關東軍為代表的日本）為自己的利益而明爭暗鬥之外；當地人未能理解「滿洲國」計劃包含着普世價值這一點也極為關鍵。根據故事所述，沒有「滿人」（包括溥儀在內）真正明白建立「滿洲國」的意義；即使當中有人短暫地表現出對此理想的認同，他們也不能堅持自己的理想，最後總會像雲龍那樣被其民族情結囿限，使本來可能成真的理想破滅。同樣，故事中的日本人其實大部分也不清楚建立「滿洲國」的真正意義。嚴格而言，能夠明白這個計劃的崇高價值，並且堅持信念至最後一刻的人物，其實就只有我們提到的三位主角而已。無論如何，由於三位主角全都是日本人，所以，作者在建立「情理兼備／不合情理」對立的同時，就有意無意地向讀者傳遞了一個潛藏在這種對立之中的信息：日本的傳統文化比「滿人」的傳統文化有利於讓人明白普世價值。如果我們再仔細地觀察一下故事的結局，那麼，作者在敘述中強調民族、傳統、歷史文化等因素的觀點，就更是躍然紙上了。

8. 於作品中統一的對立

故事結束，押小路龍夫婦在不丹隱居，優游地仰望着漫天閃爍的繁星。其中一顆閃爍的星星並非天然，而是剛剛在日本

「種子島」發射升空的人造衛星。負責這項航天任務的人，是真正傳承了押小路龍夢想的人，他叫做押小路冬馬。順着故事發展的理路，同樣堅持「烏托邦思想」的男女主角應該是圓滿的一對，他們的兒女自然也應該是繼承其理想的人；但是，故事結局卻出人意表：他們的獨生女兒並不是故事所認可的嫡系真傳。

其實，押小路龍在日本生活時已經跟田鶴貞結為夫婦。這兩個自願離開日本，為全人類理想而奮鬥的人，沒有在日本生兒育女。直至兩人在「滿洲國」重逢，才孕育了獨生女「和華」。作者安排這個情節，其象徵意義不言而喻。年幼的和華隨父母四處流亡，最後在印度定居，成為當地的電影名星，並與當地人結婚生子。和華明顯繼承了父母的跨民族大愛，而且更傳承了母親的演戲天分，這一點再清楚不過了。然而，真正繼承押小路龍航空夢想的人卻不是和華，而是前者和小鈴所生的冬馬。

小鈴是京都藝妓，是押小路龍青梅竹馬的初戀情人。可惜因為押小路卓磨嫉妒姪兒，把小鈴納為小妾，才使兩人無法結合。當押小路龍要從日本偷渡前往中國的時候，小鈴豁出性命去幫助他，兩人因此曾經渡過了一個靈慾交融的月圓之夜。後來押小路龍因海難而喪失了部分記憶，所以當他踏足中國之後，從未能完整地記起那個月圓之夜發生的事情。這件事一直被封鎖在他的記憶深處。正當他離開了「滿洲國」的地域，而且在生命遭受重大威脅的時刻，他看見了天上的滿月，忽然間把潛藏在自己心底的記憶釋放出來了。雖然他並不知道冬馬是他的兒子，但他終於記起自己一生中擁有兩個有情有義的情人。一個是代表日本傳統的藝妓，另一個則是堅持「烏托邦思想」的女演員。身兼傳統武士道精神及「烏托邦思想」的押小

路龍先後得到她們的青睞，並且分別與她們孕育了後代。

冬馬來自小鈴代表的日本傳統文化。他年幼時住在「滿洲國」，看見養父押小路卓磨被暴徒炸死。跟小鈴撤退回日本後，冬馬最終成為宇航科學家。他自幼最喜歡的故事，內容述說人類如何把理想代代相傳，向着實現理想的漫長旅途而努力。在《龍》的最後一幕，冬馬負責在「種子島」發射日本的人造衛星，為全人類探索宇宙的理想而奮鬥。比起押小路龍的航天夢想，冬馬的理想更遠大。顯而易見，冬馬才是故事所確認的繼承者。

也許有人認為，在前述對立中，日本人只不過偶然出現在「情理兼備」那一方，其實作者並未肯定文化傳統對人有重大影響。倘若果真如此，在這兩個明事理、重情義的女性之間，作者也應該把正面的價值投放在堅持「烏托邦思想」的田鶴貞身上。結局反其道而行，這點正好證明作者對傳統文化的重視非比尋常。即使押小路龍如何在意識中掩藏來自日本傳統文化的根，它最終也會重新顯露出來；而他自己所散佈的希望種子，也最容易在其所屬的文化傳統中茁壯成長。

我們跟隨押小路龍走過漫漫長路，追求具有跨民族價值的理想社會，最後卻通過作者的敘述重新肯定傳統文化對人的重大影響。作者所流露的觀點，並非押小路龍等故事主角堅持的「烏托邦思想」，而是一種強調傳統文化的觀點。如果我們上面所做的分析合理，作者這種帶有赫爾德色彩的觀點，其實與故事主角所堅持的「烏托邦思想」是不能兼容的。讀者在閱讀過程中，同時接觸到分別從兩個敘述層次流露的想法，像鐘擺一樣往返於兩種不諧協的觀點之間。我認為這正是《龍》最引人入勝的地方。

哲學教室

·烏托邦思想·

「烏托邦思想」（Utopian thoughts）得名於《烏托邦》這本小說。英國作家湯馬斯・莫爾（Thomas More，1478－1535）於 1516 年在上述小說中提到一個虛構的島國，並且通過它表達了自己心目中理想社會應有的政治、經濟、宗教、法律和社會結構。自此，人們經常把那些通過虛構、幻想國度來探討理想社會的言論，視作表達「烏托邦思想」的範例。有人認為柏拉圖在《理想國》（Republic）中，也明顯表現出這類思想。然而，並非所有探討理想社會的言論都屬於「烏托邦思想」。

洛克（John Locke，1632－1704）和彌爾（John Stuart Mill，1806－1873）都曾經在著作觸及「理想的政治制度」這個課題，但他們並沒有把理想的制度寄託在一個虛構的社會中，也沒有通過後者來講解其觀點，因此，他們的作品不是「烏托邦思想」的個例。

·民族主義·

「民族主義」（nationalism）有時又譯作「國家主義」，是一個含義非常駁雜的概念。本文只簡單地區別兩類不同的「民族主義」。有人經常以血緣、國籍、地域，或者對國家的認同為標準（甚至是口號），排擠外地人、抗拒異文化，我們把它稱為「狹隘的民族主義」。義和團、納粹主義和三K黨是其典型。哲學家大致上認為狹隘的民族主義站不住腳，很難找到合理的說明。另一類民族主義者着重語言、歷史和文化傳統對人構成自我認同的重要功能，因此強調保存各種文化，抗拒消除文化差異的行動。這一類民族主義有時稱為「浪漫民族主義」。有些專家（例如卡爾頓・海耶斯 [Carlton Hayes]，1882－1964）認為任何形式的民族主義都不成立，但浪漫民族主義包含某些值得深思的議題。

◦ 德國哲學家赫爾德 ◦

德國哲學家赫爾德（J. G. von Herder，1744－1803）於1744年出生在東普魯士的哥尼斯堡。大學時期，他原本打算讀醫科。後來他認識了康德（Immanuel Kant，1724－1804）和哈曼（Johann Georg Hamann，1730－1788），並且受二人的哲學觀點啟發，轉而攻讀神學。

赫爾德對語言、文化傳承及民族主義的論題都提出了獨特的見解，他有關「民族性格」（folk-character）的想法對格林兄弟（Brothers Grimm）的影響尤其深遠。兄弟倆致力收集德國民間流傳的童話故事，晚年又竭力窮精地編纂《德語詞典》，其中一個重要的目標就是要彰顯德國的「民族性格」。英國哲學家柏林（Isaiah Berlin，1909－1997）更把赫爾德視為第一位有系統地對啟蒙哲學展開批評的浪漫時期哲學家。赫爾德後來跟康德交惡，除卻意氣相爭之外，跟兩人意見分歧也有關係。

1 〔日〕村上紀香:《龍》。台北:東立出版社有限公司,2004－2007 年。

2 本文從哲學角度探討漫畫書中對「理想國度」的思考。在論述過程中,本文盡量保持漫畫所用的人物、地名及其故事情節。此舉並不表示本文完全認同漫畫所表達的歷史觀,以及它對歷史人物的評價。對相關歷史事實有興趣的讀者,請參考其他專門著作,以獲取更全面的理解。

3 《龍》,14 卷,頁 25。

4 雖然石原莞爾確有其人,但故事中他跟主角押小路龍打交道卻是虛構的情節。

5 《龍》,12 卷,頁 110。

6 同上,頁 100。

7 同上,14 卷,頁 98。

8 同上,12 卷,頁 89。

9 同上,19 卷,頁 54。

10 同上,頁 150。

11 正如上述石原莞爾的情況一樣,甘粕正彥和溥儀也是真實的歷史人物。漫畫作者對他們的描寫明顯經過戲劇化的處理。本文對他們的論述單純以漫畫故事為基礎,而非以歷史事實為根據。

12 《龍》,29 卷,頁 190。

13 同上,頁 148。

14 滿洲電影協會(滿映)確實存在,而且甘粕正彥的確受任命為其負責人。然而,漫畫故事中提及的兩套重要電影——《狼爭虎鬥》和《人販子》——都是虛構的作品。

15 《龍》,頁 139。

16 〔英〕以賽亞・伯林著,亨利・哈代編,呂梁等譯:《浪漫主義的根源》。南京:譯林出版社,2008 年,頁 29。

17 〔德〕赫爾德:《反純粹理性:論宗教,語言和歷史文選》。北京:商務印書館,2010 年,頁 17。

- 〔英〕 以賽亞・伯林著，亨利・哈代編，呂梁等譯：《浪漫主義的根源》。南京：譯林出版社，2008 年。
- 〔日〕 村上紀香：《龍》。台北：東立出版社有限公司，2004－2007 年。
- 〔德〕 赫爾德：《反純粹理性：論宗教，語言和歷史文選》。北京：商務印書館，2010 年。

參考資料

羅雅駿 主編

漫畫與哲學

責任編輯　白靜薇
裝幀設計　霍明志
排　　版　楊舜君
印　　務　劉漢舉

出版
中華書局（香港）有限公司
香港北角英皇道四九九號北角工業大廈一樓 B
電話：（852）2137 2338
傳真：（852）2713 8202
電子郵件：info@chunghwabook.com.hk
網址：http://www.chunghwabook.com.hk

發行
香港聯合書刊物流有限公司
香港新界大埔汀麗路三十六號
中華商務印刷大廈三字樓
電話：（852）2150 2100
傳真：（852）2407 3062
電子郵件：info@suplogistics.com.hk

印刷
美雅印刷製本有限公司
香港觀塘榮業街六號海濱工業大廈四樓 A 室

版次
2019 年 4 月初版
©2019 中華書局（香港）有限公司

規格
16 開（210mm×148mm）

ISBN
978-988-8572-44-1